Johann J. Ignaz von Döllinger

Briefe und Erklärungen von J. von Döllinger

über die Vaticanischen Decrete 1869-1887

Johann J. Ignaz von Döllinger

Briefe und Erklärungen von J. von Döllinger
über die Vaticanischen Decrete 1869-1887

ISBN/EAN: 9783744672030

Hergestellt in Europa, USA, Kanada, Australien, Japan

Cover: Foto ©ninafisch / pixelio.de

Weitere Bücher finden Sie auf **www.hansebooks.com**

Briefe und Erklärungen

von

J. von Döllinger

über die

Vaticanischen Decrete

1869 – 1887.

München.
C. H. Beck'sche Verlagsbuchhandlung (Oskar Beck).
1890.

Alle Rechte vorbehalten.

C. H. Beck'sche Buchdruckerei in Nördlingen.

Vorwort des Herausgebers.

Unter dem 2. October 1886 schrieb mir der selige Döllinger:

„In jüngster Zeit sind mir von mehreren Seiten Zumuthungen zugekommen, mich zu unterwerfen, zwei mündliche Botschaften kurz nach einander vom Papste, eine schriftliche vom Erzbischof von München (in sehr höflicher und delicat gehaltener Form), eine andere schriftliche von Hefele. Ich selbst fühle lebhaft, daß, ehe der Sand verrinnt, ich noch eine motivirte Erklärung der Welt schulde. Es ist in der Sache noch so viel zu sagen, was bisher nicht gesagt oder nur in abgeschwächter Form zur Sprache gekommen ist, daß ich die Sache nicht in einer Broschüre abthun kann, vielmehr aciem argumentorum et factorum instructam[1]) in einiger Vollständigkeit vorzuführen genöthigt bin. Auch Persönliches (über meinen Besuch in Rom und was ich dort wahrnahm) ist mitzutheilen. Vorläufig habe ich das Ganze sorgfältig durchdacht; das Material ist gesammelt.... Die Form soll die einer Reihe von Briefen an einen hohen Prälaten sein, den ich aber aus Rücksichten nicht nennen würde. Sie gewährt freiere Bewegung. Als Titel denke ich mir:

---

[1]) eine geordnete Schlachtenreihe von Beweisen und Thatsachen.

"Die Vaticanischen Decrete im Lichte der Geschichte." Ich gedenke nebst anderem eine Uebersicht der dogmatischen Geschichte des Römischen Stuhles von Anfang bis heute zu geben, in der alle einigermaßen bedeutenden decreta fidei et morum, die ein Papst erlassen, vorgeführt und, wo nöthig, kritisch kurz besprochen würden. Wie bekannt, existirt noch nichts ähnliches. Seit ich die erwähnten Zuschriften und Botschaften erhalten, beschäftigt der Plan mich täglich, fast stündlich, so daß es mir schwer wird, an anderes ernstlich zu denken. Zum Theil aus diesem Grunde, theils auch wegen anderer Abhaltungen, ersuche ich Sie noch um Geduld für kurze Zeit bezüglich des Artikels über Ignatius.[1]) So überwältigend waren in diesen Wochen die Erwägungen, das Durchdenken des Plans, die gewaltige Masse der vorzuführenden Thatsachen und Doctrinen, die sich meiner Erinnerung aufdrängte, wenn alles dieß mich gleichsam geistig überströmte. Jetzt, da ich innerlich mit dem Plane im Reinen bin, fühle ich mich frei und disponirt für die Arbeit den Ignatius betreffend."

Vorarbeiten für diese „Briefe" haben sich im Nachlasse des Verstorbenen gefunden; mit der Ausarbeitung derselben hat er aber allem Anscheine nach, durch andere Arbeiten abgezogen, nicht einmal begonnen.

Im October 1887 zeigte mir Döllinger einen Brief, den er eben von dem damaligen Nuncius erhalten, und die Antwort, die er darauf ertheilt, sowie einen längeren Brief, den er einige Monate früher an den verstorbenen Erzbischof

---

[1]) Für „die Selbstbiographie des Cardinals Bellarmin", welche im folgenden Jahre, 1887, in Bonn erschienen ist.

Vorwort des Herausgebers.

von München gerichtet hatte. Er äußerte dabei, er denke die Briefe an den Nuncius und an den Erzbischof und die Antworten, die er auf zwei andere Bekehrungsbriefe, den einen von einer hochgestellten Dame und den andern von einer Klosterfrau, ertheilt habe, — einen derartigen Brief des Bischofs Hefele habe er nicht beantwortet — gelegentlich drucken zu lassen, da sie einander zu einer Rechtfertigung seines Verhaltens gegenüber den Vaticanischen Decreten ergänzten. Es entspricht also den Absichten des Verstorbenen, wenn die drei Briefe an den Nuncius, an den Erzbischof und an die hochgestellte Dame, — der an die Klosterfrau hat sich in Döllinger's Nachlasse nicht vorgefunden — sammt den Briefen, durch welche sie veranlaßt worden sind, jetzt veröffentlicht werden.

Den Brief des Bischofs Hefele habe ich, gegen meine ursprüngliche Absicht, mit abdrucken lassen, weil der Absender selbst sich damit einverstanden erklärt hat, und weil in einem in mehreren Zeitungen abgedruckten Artikel angedeutet war, Döllinger's Freunde würden wohl nicht wagen, diesen von ihm unbeantwortet gelassenen Brief zu veröffentlichen.

Man wird es angemessen finden, daß mit diesen bisher nicht gedruckten Briefen die früher einzeln gedruckten ähnlichen Briefe und Erklärungen zu einer Sammlung vereinigt sind. Als Anhang ist ein älterer interessanter Brief verwandten Inhalts beigefügt.

Bonn, im Juni 1890.

F. H. Reusch.

Inhalt.

Seite

1. Erwägungen für die Bischöfe des Conciliums über die Frage der päpstlichen Unfehlbarkeit. October 1869 . . 1
2. Einige Worte über die Unfehlbarkeitsadresse. 19. Jan. 1870 29
3. Die neue Geschäftsordnung des Concils und ihre theologische Bedeutung. 9. März 1870 40
4. Erzbischof Gregorius v. Scherr von München und Freising an die Münchener theologische Facultät. 20. Oct. 1870 . 58
5. Erzbischof von Scherr an Döllinger. 4. Jan. 1871 . . 62
6. Döllinger an Erzbischof von Scherr. 29. Jan. „ . . 66
7. Erzbischof von Scherr an Döllinger. 14. Febr. „ . . 69
8. Döllinger an Erzbischof von Scherr. 14. März „ . . 70
9. Erzbischof von Scherr an Döllinger. 17. März „ . . 72
10. Döllinger an Erzbischof von Scherr. 28. März „ . . 73
11. Hirtenbrief des Erzbischofs von Scherr. Palmsonntag 1871 93
12. Das Ordinariat von München-Freising an Döllinger. 3. April 1871 98
13. Das Ordinariat von München-Freising an Döllinger. 17. April 1871 100
14. Das Ordinariat von München-Freising an das Stadtpfarramt St. Ludwig in München. 18. April 1871 . . 103
15. Döllinger an den Pfarrer Widmann zu Todtnau. 18. Oct. 1874 104
16. Döllinger an einen Altkatholiken in Dortmund. 23. Juni 1878 108
17. Döllinger an Professor Michelis. 1. Mai 1879 . . . 109
18. Döllinger an Dr. Robert J. Nevin, Rector der anglo-amerikanischen Kirche in Rom. 4. Mai 1879 112

Inhalt.

Seite

19. Eine hochgestellte Dame an Döllinger. 15. u. 28. Febr. 1880   114
20. Döllinger's Antwort an eine Dame. 1880 118
21. Bischof Hefele an Döllinger. 10. Juni 1886 123
22. Erzbischof Antonius von Steichele an Döllinger. 1878. 1879. 1886 125
23. Döllinger an den Erzbischof von Steichele. 1. März 1887   129
24. Erzbischof v. Steichele an Döllinger. 19. März 1887 . 144
25. Der Nuncius Ruffo Scilla an Döllinger. 1. Oct. 1887 . 145
26. Döllinger an den Nuncius Ruffo Scilla. 12. Oct. 1887   147
27. Der Nuncius Ruffo Scilla an Döllinger. 14. Oct. 1887   155

Anhang. Döllinger an einen hochgestellten Geistlichen. 7. Febr. 1868 158

1.
Erwägungen für die Bischöfe des Conciliums über die Frage der päpstlichen Unfehlbarkeit.
October 1869.*)

1.

Die katholische Kirche hat in vergangenen Jahrhunderten stets im Gegensatze gegen beabsichtigte Neuerungen den höchsten Werth auf das Alter und die Unveränderlichkeit ihrer Glaubenslehren gelegt. Sie hat es zugleich als einen großen Vorzug und als eine heilige Pflicht betrachtet, daß in ihrem Schooße nur das gelehrt und bekannt werde, was allezeit, überall und von Jedermann geglaubt worden ist. Wenn sich von einer Lehre nachweisen läßt, daß sie während mehrerer Jahrhunderte nicht vorhanden oder

---

*) Ohne den Namen des Verfassers bei Manz in München erschienen. In einem Briefe vom 25. November 1869 sagt Döllinger: „Das Schriftchen Erwägungen ꝛc. wird Ihnen zugekommen sein. Die Sätze sind meist als nackte Behauptungen hingestellt, und man hat mich von Paris und anderwärts her aufmerksam gemacht, daß Belege, Zeugnisse und historische Ausführungen des hier so lakonisch Behaupteten unerläßlich seien. Damit bin ich nun beschäftigt und werde in kurzer Zeit einen an Umfang weit bedeutenderen Nachtrag erscheinen lassen." Der Nachtrag ist nicht erschienen.

nicht Bekenntniß der ganzen Kirche gewesen, daß sie zu einer gewissen Zeit erst entstanden sei, und wenn diese Lehre nicht mit logischer Nothwendigkeit als unabweisbare Consequenz in anderen Glaubenssätzen potentiell enthalten ist, — dann ist diese Lehre vom katholischen Standpunkte aus schon gerichtet, sie trägt das Brandmal der Illegitimität an der Stirne, sie darf und kann nie zur Dignität einer Glaubenswahrheit erhoben werden.

Eben dieß alles aber trifft bei der Meinung von der päpstlichen Unfehlbarkeit zu. Denn diese ist, erstens, während vieler Jahrhunderte in der Kirche ganz unbekannt gewesen. Es darf hier nur erinnert werden an die morgenländische Kirche, welche tausend Jahre lang mit der abendländischen vereinigt gewesen, die Kirche, welche alle ökumenischen Concilien gehalten, in welcher vorzugsweise die große, auf die Feststellung der Dogmen von der Trinität und der Incarnation verwendete Geistesarbeit vollbracht worden ist, welche alle alten Irrlehren allmählich überwunden und eine selbstständige kirchliche Literatur geschaffen hat. In dieser Kirche ist aber niemals eine Stimme laut geworden, welche dem Papste dogmatische Untrüglichkeit beigelegt hätte. Auch Perrone weiß kein Zeugniß aus ihr anzuführen.[1])

Aber auch in der abendländischen Kirche lassen sich keine Zeugen auffinden: unter den Stellen lateinischer Väter, welche Perrone, Schrader und andere Jesuiten anführen, ist

---

[1]) Perrone, Tractatus de locis theologicis, I, 510, ed. Lovan., beruft sich zwar auf Origenes, aber mit gröblicher Verstümmelung der Stelle und Entstellung ihres Sinnes. Eben so unredlich ist seine Berufung auf Cyrillus von Alexandrien, dessen Worte er nicht mitzutheilen für gut findet.

keine einzige, welche auch nur mit einiger Klarheit und Bestimmtheit den Päpsten dieses hohe und göttliche Vorrecht beilegte, wogegen eine dreifach größere Anzahl von Aeußerungen der Väter vorgeführt werden kann, welche ausdrücklich oder in nicht zu verkennender Voraussetzung den Päpsten ein solches Privilegium der Untrüglichkeit absprechen und nur der ganzen Kirche die Entscheidung über das, was Glaubenswahrheit sei, zueignen.

2.

Von keinem einzigen der alten Häretiker wird bemerkt, daß er damit angefangen habe oder dahin geführt worden sei, die Autorität der Päpste in Glaubenssachen zu verwerfen, was nur dadurch erklärlich ist, daß eben eine solche höhere Autorität der Päpste nicht vorhanden war und von Niemanden geglaubt oder angerufen wurde, obgleich die Thatsache, daß Rom die einzige von den Aposteln gestiftete Cathedra des Occidents und die Mutterkirche für so viele Theilkirchen war, ihm allerdings mehr Gewicht und Ansehen im Abendlande, als es im Orient hatte, verlieh.

3.

In den Schriften der Kirchenväter, welche von der Regel des Glaubens und der Autorität der Kirche handeln, den Schriften von Tertullian, Cyprian, Augustinus, Gennadius und Vincentius von Lerins, wird nie auf das Urtheil des römischen Stuhls, auf die Entscheidungen der Päpste verwiesen, nie wird gesagt, daß es ein so einfaches Mittel gebe, Lehrstreitigkeiten abzuschneiden, wie die Einholung eines unfehlbaren päpstlichen Ausspruches ist. Alle diese Väter

kennen nur die Ueberlieferung der Kirche, mit den drei Be=
dingungen und Kennzeichen des Alters, der Ubiquität und
der allgemeinen Zustimmung.

4.

Die Lehre von der päpstlichen Untrüglichkeit ist ferner
erst in einer sehr späten Zeit in der abendländischen Kirche,
und nur in Folge einer Reihe von Fälschungen und Fic=
tionen, hervorgetreten. Sie ist erst gegen Ende des 13. Jahr=
hunderts durch den heiligen Thomas von Aquin, der durch
eine neue Erdichtung getäuscht wurde, in die Theologie der
Schule eingeführt worden, und bis tief in das 17. Jahr=
hundert hinein haben sich die Theologen, um ihr den An=
schein des hohen kirchlichen Alters zu verleihen, theils der
pseudisidorischen theils anderer Fälschungen bedient, wie
schon an Bellarmin zu ersehen ist.

5.

Den Anhängern der Unfehlbarkeitstheorie muß die
Geschichte der alten Kirche im ersten Jahrtausend als ein
unbegreifliches Räthsel erscheinen. Der ganze Verlauf, die
lange Dauer, die tiefe Verwicklung der großen Streitig=
keiten über die Glaubenslehre ist für sie unerklärbar. Man
hat sich Jahrhunderte lang abgemüht und gequält, auf einem
großen und mühseligen Umwege und mit schweren Opfern
das zu erreichen, was man, wenn die Päpste unfehlbar
sind, viel leichter, einfacher und kürzer sich verschaffen konnte.
Da nach ihrer Meinung die ganze Kirche an die Unfehl=
barkeit des Papstes glaubte, so mußte eine gleich im Beginne
einer Streitfrage erbetene päpstliche Entscheidung aller wei=
teren Verwicklung und Beunruhigung der Kirche vorbeugen.

Jeder Katholik unterwarf sich sofort dem unfehlbaren Aus=
spruche; die aber, welche sich nicht unterwarfen, wurden
sofort aus der Kirche ausgestoßen oder trennten sich selber.
In Wirklichkeit ist aber alles ganz anders gegangen. Man
hat regelmäßig die Bischöfe aus allen Theilen der Welt
aufgeboten, sie zu langen, beschwerlichen Reisen, zu einer
der Kirche schädlichen anhaltenden Abwesenheit von ihren
Diöcesen genöthigt, um auf großen, mancherlei Gefahren
und Versuchungen ausgesetzten Versammlungen Beschlüsse
zu erzielen, welche doch, nach der Ansicht der Infallibilisten,
alle ihre Kraft und Autorität von der Zustimmung des
Papstes empfingen. Ja die Päpste selber haben, wie z. B.
Leo gethan, die Versammlung einer allgemeinen Synode
für nothwendig erklärt, oder, wie Siricius, eine von ihnen
begehrte Entscheidung abgelehnt und an ein Concil ver=
wiesen.

 Der vornehmste Vertheidiger der päpstlichen Unfehl=
barkeit, der Cardinal Orsi, hat die Schuld, daß in der alten
Kirche dieses „unnütze Geräusch" der Concilien gemacht
worden sei, den römischen Kaisern beigemessen. Aber diese
Kaiser handelten, indem sie die Concilien ausschrieben, nach
dem Rathe der Bischöfe und mitunter der Päpste selbst, und
wie scharf sie auch mitunter wegen des Mißbrauchs ihrer
Macht in kirchlichen Dingen getadelt worden sind, darüber,
daß sie das den Päpsten zukommende Entscheidungsrecht den
Concilien zugewiesen hätten, ist in tausend Jahren kein Wort
der Rüge laut geworden. Die ganze christliche Welt hat
die Entscheidung der Glaubensfragen durch Concilien für
den einzig rechtmäßigen und den Grundsätzen der Kirche
entsprechenden Weg gehalten.

6.

Eben darum läßt sich auch durchaus nicht behaupten, daß die Lehre, welche die Untrüglichkeit der Entscheidung in den Papst verlegt, auf dem Wege eines mit innerer Nothwendigkeit sich vollziehenden dogmatischen Entwicklungs=Processes in der Kirche emporgekommen sei. Denn diese neue Lehrmeinung verhält sich zu der alten Lehre keineswegs als eine richtig gezogene Consequenz, sondern als ein Widerspruch, als die Negation der früheren und die Affirmation einer an deren Stelle sich setzenden, völlig verschiedenen und mit ihr nicht zu vereinigenden Doctrin.

Die alte Lehre sagt: Die göttliche Leitung und Bewahrung der Kirche erweist sich darin, daß sie als Ganzes nicht vom Glauben abfallen kann, daß sie die ihr anvertraute Lehre nicht verfälschen, nicht verloren gehen läßt; der ganzen Kirche und nur ihr, sei es in ihrem gewöhnlichen Zustande, sei es in dem der Repräsentation durch ein Concilium, kommt also jener göttliche Schutz und jene Erleuchtung zu, ohne welche die Verheißungen Christi nicht in Erfüllung gehen würden, und welche wir als Unfehlbarkeit der Entscheidungen und des Bekenntnisses bezeichnen. Das Gegentheil hievon behauptet die neue Meinung, nämlich dieß: Nicht der Kirche, sondern einer einzigen Person, dem Papste, ist die Unfehlbarkeit verliehen, ohne ihn würde sie dem Irrthum preisgegeben sein; er nur empfängt, so oft er über Glaubenssachen lehrend sich ausspricht, eine besondere göttliche Erleuchtung, welche ihn vor jedem Irrthum bewahrt, und von ihm erst erhält die Kirche so viel Licht und Wahrheit, als er ihr mittheilt.

über die Frage der päpstlichen Unfehlbarkeit.

7.

Die christliche Welt hatte das Beispiel und Muster der ersten Entscheidung einer Streitfrage, der ersten Kirchenversammlung zu Jerusalem, vor sich. Die wichtigste Frage jener ersten Zeit, die Frage über die Verbindlichkeit des mosaischen Gesetzes für die Heidenchristen, wurde nicht etwa durch einen Machtspruch des Petrus entschieden, sondern die Apostel und die Presbyter zu Jerusalem stellten eine längere Berathung in Gegenwart aller Gläubigen an, und dann gab zwar Petrus zuerst seine Stimme ab, aber das Decret der Synode wurde nicht gemäß seiner Abstimmung, sondern nach dem Urtheile des Jacobus formulirt und im Namen Aller erlassen.

8.

Die Beschlüsse der alten Concilien über Glaubensfragen hatten volle Kraft und wurden überall angenommen, ohne daß man eine Bestätigung derselben durch den Papst für nöthig gehalten und bevor eine solche erfolgt war. Von einer päpstlichen Bestätigung der nicäischen Beschlüsse ist nichts bekannt, wie man denn überhaupt in dem arianischen Streit sich nicht auf das Urtheil des römischen Stuhls berufen hat. An der zweiten Synode, die zu Konstantinopel im Jahre 381 gehalten, nahm der Papst weder persönlich noch durch Abgeordnete einen Antheil; gleichwohl wurden die Beschlüsse derselben über die Lehre vom heiligen Geiste sofort von der ganzen Kirche angenommen und von Kaiser Theodosius als Reichsgesetze publicirt. Diese Synode hat, ohne jede päpstliche Initiative oder Theilnahme, das Größte, Kühnste und Verantwortungsvollste unternommen, was überhaupt in der Kirche gewagt werden darf: sie hat das der ganzen

Kirche gemeinschaftliche, apostolische und nicäische Glaubens=
bekenntniß durch inhaltsschwere Zusätze erweitert. Sie hat
keinen Schritt gethan, um dazu oder überhaupt zu ihren
dogmatischen Beschlüssen eine Genehmigung des Papstes zu
erwirken.[1]) So ist es denn gekommen, daß die Päpste
geraume Zeit hindurch dieses Concilium anzuerkennen sich
weigerten oder vielmehr sich in ihren Aeußerungen über die
Autorität dieses Concils widersprochen haben.

9.

Wenn die Päpste sich über eine Glaubensfrage bereits
ausgesprochen hatten, ehe das Concilium sich versammelte,
so wurden die betreffenden päpstlichen Schreiben auf dem
Concilium erst einer eingehenden Prüfung unterworfen und
in Folge derselben entweder gebilligt, wie es dem dogmati=
schen Schreiben Leo's an Flavian zu Chalcedon geschah,
oder verworfen, was dem Schreiben des Honorius auf der
sechsten Synode widerfuhr. Eine solche Prüfung wäre aber
eine unerträgliche Anmaßung gewesen, wenn man die Päpste
für unfehlbar gehalten hätte.

10.

Das Gebet Christi für Petrus (Luc. 22, 32), daß sein
Glaube nicht erlöschen möge, und die damit verknüpfte
Mahnung, daß er nach seiner Bekehrung seine Brüder stärken
solle, ist die Bibelstelle, welche von allen Infallibilisten in
ihrem Sinne verstanden, nämlich als eine Verheißung der
Unfehlbarkeit für alle Päpste in ihrem Verkehre mit den
„Brüdern", das heißt den Gläubigen, gedeutet wird.

---

[1]) Die Behauptung des Bischofs von Grenoble, in seiner kürz=
lich erschienenen Schrift: Le Concile oecuménique, 1869, ist un=
gegründet.

Diese Auslegung widerspricht aber, erstens, der ganzen Tradition der alten Kirche.

Zweitens: Sie verletzt den Eid, welchen jeder Bischof und Priester geleistet hat.

Drittens: Sie widerstrebt allen Regeln der Bibelauslegung und wird daher nie von einem wissenschaftlich gebildeten Exegeten aufgestellt oder gebilligt werden können.

Viertens: Sie wird durch eine Reihe von geschichtlichen Thatsachen widerlegt.

Sie widerspricht der kirchlichen Ueberlieferung. Die Väter ohne Ausnahme haben sie nicht so verstanden; nicht nur in ihren biblischen Commentarien, auch in ihren übrigen Schriften und da, wo sich die Gelegenheit zum Gebrauch dieser Stelle darbot, findet sich keine Spur, daß auch nur ein einziger der alten Kirchenlehrer in den Worten des Herrn eine Verheißung päpstlicher Unfehlbarkeit gefunden habe. Die Kirchenväter haben sich mit der Stelle Luc. 22, 32 viel und angelegentlich beschäftigt. Wir haben die Aeußerungen der heil. Cyprian, Hilarius, Chrysostomus, der zwei afrikanischen Synoden, der karthagischen und der von Milevi, des Augustinus, Palladius, Leo, Theodoret und mehrerer anderer, welche alle erkannt haben, daß hier bloß von jener individuellen Tugend des Glaubens die Rede sei, welche bei Petrus und den Aposteln in dem Momente schwerer Versuchung, durch die Verläugnung des einen und die Furcht und Gebrechlichkeit der anderen, geschwächt und verfinstert, doch nicht völlig in ihnen erlöschen, sondern durch die göttliche in der Fürbitte Christi verbürgte Gnade wieder aufleben und kräftig werden sollte. Das Beharren im Glauben an den Erlöser hat Christus für Petrus und die übrigen

Apostel erbeten; in diesem Glauben soll Petrus nach seiner Bekehrung die Brüder stärken, — so lehren und erklären die Väter. Etwas hievon völlig verschiedenes ist die Irrthumslosigkeit einer lehrhaften oder richterlichen Entscheidung. Eine solche Entscheidung oder vorgetragene Lehre kann bei dem festesten Glauben des Mannes an Christus dennoch irrig sein, und ist es sehr oft gewesen, wie denn Niemand behaupten wird, daß sämmtliche afrikanischen Bischöfe, welche, mit Cyprian an der Spitze, die Gültigkeit der außerkirch=kirchlichen Taufe verwarfen, darum den Glauben an Christus verloren oder nicht gehabt hätten. Und umgekehrt kann auch ein innerlich ungläubiger Bischof doch, über eine Lehre befragt, eine ganz richtige, rechtgläubige Entscheidung geben.

Die neue Deutung also, daß hier Christus für die Päpste eine dogmatische Unfehlbarkeit erbeten habe, thut den Worten und dem Zusammenhang Gewalt an, läßt den Herrn das Wort Glaube in einer ihm ganz fremden und im ganzen neuen Testamente beispiellosen Bedeutung gebrauchen.

Denn a) die Worte: „wenn du dich bekehrt haben wirst", beweisen, daß die Worte Christi sich ausschließlich auf die Person des Petrus beziehen, da doch nicht denkbar ist, daß bei jedem Papste, wie bei Petrus, ein Fall vom Glauben in den Unglauben und eine Rückkehr von diesem zum Glauben eintreten werde.

b) Der Glaube, von welchem Christus redet, ist der Glaube an die messianische Würde und göttliche Sendung Christi. Selbst angenommen, daß in der Stelle die Verheißung für jeden Papst läge, ihn stets im Besitze dieses Glaubens an Christus zu bewahren, so würde damit noch lange nicht eine Bürgschaft der Unfehlbarkeit für jeden ein=

zelnen Ausspruch über einen Artikel der kirchlichen Lehre gegeben sein.

c) Die Mahnung, daß Petrus seine Brüder stärken solle, ist keineswegs eine nun auch ihm gegebene Verheißung, daß er dieses in jedem einzelnen Falle wirklich thun werde. Es ist eine gewaltsame Verdrehung, die Erinnerung an eine Pflicht zu einem unfehlbaren Versprechen steter Erfüllung dieser Pflicht machen zu wollen. Noch viel weniger läßt sich behaupten, daß, wenn auch wirklich die Mahnung Christi, die Brüder zu stärken, zugleich allen Päpsten gelten sollte, damit auch die Gewißheit gegeben sei, daß jeder dieß in jedem Falle thun werde.

Der erste, welcher die Stelle für die Annahme eines besonderen, dem römischen Stuhle hiemit verliehenen Vorrechts zu verwerthen suchte, war der Papst Agatho im Jahre 680, als er die Verdammung seines Vorgängers Honorius in Konstantinopel fürchtete, und auch er trug Sorge, seine neue und bisher unerhörte Auslegung durch das damit verbundene Bekenntniß zugleich zu entschuldigen und zu entkräften, daß gegenwärtig in Rom theologische Unwissenheit herrsche. Agatho's Deutung ist dann durch den falschen Isidor den ältesten Päpsten untergelegt, durch Gratian verbreitet und sanctionirt worden, und hat auf diesem Wege allmählich, obwohl stets von gelehrten Theologen und Exegeten verworfen, Eingang gefunden.

Da sie aber erst so spät ersonnen worden ist und das eidlich beschworene Bekenntniß Pius' IV., sich stützend auf den bekannten Kanon des tridentinischen Concils, den katholischen Christen auf die Bibelauslegung der Kirchenväter, also der sechs ersten Jahrhunderte, verweist, so begeht jeder, der die Stelle zur Begründung der Meinung vom infallibeln Papste gebraucht, streng genommen einen Eidbruch.

Endlich beweisen die Thatsachen der Kirchengeschichte, daß Christus nicht beabsichtigt hat, mit seiner Mahnung an Petrus allen Päpsten das Vorrecht der Unfehlbarkeit zu verleihen. Denn wenn dieß der Fall wäre, so müßte sich zeigen lassen, daß alle Päpste seit 1800 Jahren stets nur die Brüder im Glauben gestärkt und nie etwas Irriges behauptet oder geduldet hätten. Dieß behauptet aber im Ernste kein Mensch. Es trifft bei Petrus selbst nicht zu; denn dieser hat zu Antiochia, weit entfernt den Glauben der Brüder zu stärken, ihn vielmehr verwirrt durch seine Hypokrisis, wie Paulus sagt. Wenn Zosimus ein Bekenntniß, welches die Erbsünde läugnete, guthieß, wenn Liberius ein arianisches Bekenntniß unterschrieb und in die Kirchengemeinschaft der Arianer eintrat, wenn Honorius nach dem Urtheil eines ökumenischen Concils die monotheletische Irrlehre verbreiten half, — und wie viele ähnliche Fälle ließen sich noch anführen! — so wird Niemand in diesen Vorgängen eine Stärkung des Glaubens der Brüder wahrnehmen können.

11.

Dasjenige Zeugniß, welches die Vertheidiger der päpstlichen Unfehlbarkeit mit besonderer Vorliebe und mit Vertrauen geltend machen, das Zeugniß, welches mehr als jedes andere aus den Kirchenvätern geschöpfte auszusagen scheint, ist die berühmte Stelle des heiligen Irenäus. Man pflegt sie dann so zu verstehen, als ob Irenäus eine moralische Verpflichtung für jede Einzelkirche, mit der römischen in der

Lehre übereinzustimmen, behauptet habe. Daß diese Erklärung irrig sei und dem Irenäus einen ihm fremdem Sinn unterlege, geht aus folgendem hervor.

Erstens: Gerade die einzige Thatsache, auf welche die Verpflichtung zur Uebereinstimmung mit der römischen Kirche gestützt werden könnte, daß nämlich dem Petrus ein dogmatisches Vorrecht verliehen worden und dieses Vorrecht auf alle seine Nachfolger übergehe, davon sagt Irenäus keine Sylbe. Die Vorzüge, welche er der römischen Kirche beilegt, sind: Umfang, Alter, Stiftung durch Paulus und Petrus, wogegen jeder Anhänger der Unfehlbarkeitslehre immer nur auf Petrus, als deren einzigen Träger, verweist.

Zweitens: Die Nothwendigkeit, mit dem Glauben der römischen Kirche übereinzustimmen, ergibt sich nach Irenäus aus der Thatsache, daß die Gläubigen aus allen Gegenden und Ländern (undique, $\pi\alpha\nu\tau\alpha\chi\delta\vartheta\epsilon\nu$) genöthigt sind, wegen der Macht und Weltstellung Roms dahin zu kommen, und also auch mit der dortigen Kirche in Gemeinschaft zu treten und die dort geltende Lehre durch den Prüfstein der aus ihren Wohnorten mitgebrachten Tradition in apostolischer Reinheit zu bewahren.

Irenäus sagt: Die Lehre oder Ueberlieferung der römischen Kirche ist darum zur Widerlegung der Häretiker so geeignet, weil die in diesem Mittelpunkt der civilisirten Welt von allerwärts her zusammenströmenden Christen, die alle ihren heimischen Glauben mitbringen, durch dieses fortdauernde Zeugniß, durch den stets vergleichenden Zusammenhalt ihrer asiatischen, ägyptischen, palästinischen Ueberlieferung mit der römischen, diese vor jeder Abweichung bewahren. Nicht von einem convenire cum ecclesia, sonbern ad ecclesiam spricht Irenäus. Ganz das gleiche sagt Gregor von Nazianz zwei Jahrhunderte später von der neuen Hauptstadt des Reiches, Konstantinopel: sie ist, sagt er, das Auge der Welt, in ihr strömt alles Hohe von allerwärts her zusammen, und von ihr, als dem gemeinschaftlichen Emporium des Glaubens, geht alles aus.[1])

So ist die Stelle des Irenäus ein redendes Zeugniß nicht für, sondern gegen die päpstliche Unfehlbarkeit; denn Irenäus weiß nichts von einem besonderen, dieser Kirche oder ihrem Bischof, als Nachfolger Petri, gewährten Privilegium; er weiß nur, daß durch den Zusammenfluß von Christen aus allen Weltgegenden die echte, allgemeine Ueberlieferung dort bewahrt wird. Bei Irenäus ist die Lehre der römischen Kirche abhängig von der der übrigen Kirchen, das heißt der katholischen Kirche; bei den Infallibilisten ist die Lehre der ganzen katholischen Kirche abhängig von der römischen Particularkirche.

Die Deutung der Worte Christi von einer den Päpsten verbürgten Unfehlbarkeit steht überdieß noch im Widerspruche mit den von den Infallibilisten ersonnenen Beschränkungen dieses Privilegiums; denn wenn die biblische Begründung desselben in der Mahnung zur Stärkung des Glaubens anderer liegen soll, so müßte ein Papst auch dann schon unfehlbar sein, wenn er sich nur an einige Brüder, nur an zwei oder drei Personen oder an einzelne Theilkirchen wendete, während doch Bellarmin, Perrone und viele andere

---

[1]) Opera, ed. Benedictin. Paris 1778, I, 755. So sagt auch Symmachus: In commune caput imperii (Rom) undique gentium convenitur.

behaupten, der Papst sei erst dann unfehlbar, wenn er sich an die ganze katholische Kirche wende.

12.

In dem Streite über die Gültigkeit der von Häretikern ertheilten Taufe ist der Ausspruch des Papstes Stephanus über sechzig Jahre lang von einem großen Theile der Kirche verworfen worden; Cyprian, der mit der ganzen afrikanischen Kirche die römische Entscheidung zurückwies und darauf starb, ist gleichwohl gerade in Rom selbst von der frühesten Zeit an als Heiliger verehrt worden. So wenig dachte man damals selbst in Rom an ein Privilegium der Unfehlbarkeit. Später hat dann Augustinus in oft wiederholten Aeußerungen das Verfahren Cyprian's und der afrikanischen Kirche damit gerechtfertigt, daß die Erklärung des Papstes Stephanus, so bestimmt sie auch gelautet, doch nicht die Kraft besessen, andere zur Annahme zu verpflichten, und daß erst die Autorität eines allgemeinen Conciliums, wie es im vierten Jahrhundert gehalten worden, die Frage für die ganze Kirche endgültig entschieden habe. Hier weiß sich Cardinal Orsi nur durch den dem großen Kirchenlehrer gemachten Vorwurf zu helfen, daß Augustinus die Autorität eines allgemeinen Concils zu hoch, die des Papstes zu gering geschätzt habe. Die Frage selbst war eine der wichtigsten im dogmatischen Gebiete, denn die ganze Lehre von den Bedingungen der Kraft und Wirksamkeit der Sacramente hing von ihrer Beantwortung ab.

13.

Der Papst Honorius ward auf der sechsten allgemeinen

Synode wegen Häresie verdammt. Diese Verdammung ist sofort in der ganzen Kirche ohne jede Widerrede angenommen worden. Seine Nachfolger selbst haben sie genehmigt, unterzeichnet. Niemand — mit einer einzigen Ausnahme, Anastasius Bibliothecarius, — hat mehr ein Wort zu seiner Vertheidigung vorgebracht, Niemand sich darauf berufen, daß Päpste in Glaubenssachen unfehlbar seien. Es ist sonnenklar, daß in jener Zeit die Vorstellung von einer solchen Unfehlbarkeit der ganzen christlichen Welt völlig unbekannt war.

14.

Der Satz: „Der erste Stuhl (der römische) wird von Niemanden gerichtet", hat den Grund gelegt und den ersten Anfang gemacht zu der Annahme einer päpstlichen Unfehlbarkeit.

Man schloß allmählich: Wer in Glaubenssachen irren, in Häresie verfallen kann, der kann auch gerichtet, das heißt, seines Irrthums durch ein kirchliches Tribunal überführt werden. Kann nun ein Papst nicht gerichtet werden, so muß dieses Vorrecht auf einem anderen Vorrechte beruhen, nämlich dem der Irrthumslosigkeit. Allein der Satz selbst war der alten Kirche in den fünf ersten Jahrhunderten unbekannt und ist nur durch Erdichtungen in der Kirche eingeführt worden.

15.

Die allgemeinen Kirchenversammlungen von Constanz und Basel haben den Satz, daß der erste Stuhl von Niemanden gerichtet werde, wiederholt verworfen und dafür die entgegengesetzte Lehre aufgestellt, daß der Papst so gut wie jeder Christ in Sachen des Glaubens und der Reformation der Kirche einem allgemeinen Concil unterworfen sei. Damit ist, wie bisher jeder Anhänger der Theorie von der päpstlichen Unfehlbarkeit zugegeben hat, diese Infallibilität verworfen; denn besäße der Papst wirklich einen solchen Vorzug, so müßte vielmehr das Concilium, gleichwie die ganze Kirche, ihm und seinen Entscheidungen unbedingt sich unterwerfen.

16.

Die Synode von Constanz ist überhaupt von der ganzen Kirche und von den Päpsten als eine wahrhaft ökumenische anerkannt und insbesondere sind die Decrete der vierten und fünften Sitzung von der Superiorität eines Concils über jeden Papst von einer ganzen Reihe von Päpsten, von Martin V., Eugenius IV., Nicolaus V., Pius II., für wahr und rechtskräftig erklärt worden. Wie sie auf der Synode ohne jeden Widerspruch verkündet wurden, so hat sich auch über dreißig Jahre lang Niemand in der ganzen Kirche dagegen erhoben. Erst geraume Zeit später haben römische Cardinäle, wie Torquemada und Cajetan, das Ansehen und die Geltung dieser Decrete zweifelhaft zu machen versucht. Zuletzt, als die Theologen des Jesuiten-Ordens sich der Sache bemächtigten, kam man dahin, das ganze Concil von Constanz zu verwerfen und aus der Reihe der ökumenischen Concilien zu streichen, und dieß ist nun jüngst sogar — es ist kaum glaublich — von Bischöfen nachgeahmt worden, während Papst Martin V. in einer eigenen Bulle diese Verwerfung des Concils für ein Zeichen der Ketzerei erklärt und befohlen hatte, daß jeder des Irrglaubens Verdächtige eigens befragt werden solle, ob er glaube, daß das Concil von Constanz ein allgemeines sei, und billige, was von demselben verfügt worden ist.¹)

17.

Sollte also die Hypothese von der päpstlichen Unfehlbarkeit zur Lehre der ganzen Kirche erhoben werden, so müßte, erstens, die ganze Synode von Constanz verworfen werden, denn das Ansehen und die Geltung dieser großen Synode steht und fällt mit den Decreten der vierten und fünften Sitzung. Zweitens müßte auch die Baseler Synode in ihrer früheren, von dem römischen Stuhle anerkannten Periode, vor der Verlegung nach Ferrara, verworfen werden. Drittens müßten auch die Bullen der Päpste, welche diese Decrete bestätigt haben, verworfen werden. Auf diese Weise würde die katholische Lehre zu einem verwirrten und widerspruchsvollen Chaos werden, welches innerhalb der Kirche nur durch Zwang und Gewalt behauptet werden könnte, nach außen aber dem Hohn und den unwiderleglichen Vorwürfen der außerkirchlichen Theologen schutzlos preisgegeben wäre.

18.

Kein Princip, keine Doctrin ist von den Päpsten seit dem dreizehnten Jahrhundert nachdrücklicher eingeschärft, häufiger wiederholt worden, in Sendschreiben, Bullen, Verordnungen, als die Lehre, daß es göttliches Gebot und heilige Pflicht für jeden Monarchen und jede Regierung sei, die ihnen gegebene Gewalt zur Unterdrückung der Andersgläubigen zu gebrauchen und keine Freiheit des Bekenntnisses und Gottesdienstes zu gestatten. Wird nun das Dogma

---

¹) Bulle: Inter cunctas, post sess. 45. Concil. Constant.

der päpstlichen Unfehlbarkeit proclamirt, so ist hiemit zugleich die Lehre für göttliche Wahrheit erklärt, daß katholische Fürsten und Staaten da, wo sie die Macht dazu besitzen, auch im Gewissen verpflichtet sind, kein anderes als das katholische Bekenntniß zu gestatten, die davon Abweichenden möglichst von Aemtern entfernt zu halten, andere christliche Genossenschaften zu untergraben und endlich auszurotten.

Mehr als fünfzig Päpste haben in einer langen Reihe von Bullen und Decreten das Institut der Inquisition oder das „heilige Officium" aufgerichtet, sie haben es erst vor einigen Jahren, als es im Kirchenstaate durch die Zwischenregierung unterdrückt worden war, wiederhergestellt und erst jüngst, bei Gelegenheit der Heiligsprechung von Inquisitoren, dasselbe wieder gerühmt. Sie haben mehrere Jahrhunderte hindurch die Regel eingeschärft, daß, wer auch nur in einem einzigen Artikel von der Kirchenlehre beharrlich abweiche, mit dem Tode zu bestrafen sei; sie haben den Grundsatz sanctionirt, daß ein Rückfälliger — das heißt ein zum zweiten Male der Abweichung von einer Kirchenlehre Ueberführter — selbst dann hingerichtet werden müsse, wenn er widerrufe. Sollte nun die Unfehlbarkeit der Päpste proclamirt werden, so würde sie sich selbstredend eben so wohl auf das ganze Gebiet der Moral als auf das der Dogmatik erstrecken; es dürfte dann die Möglichkeit nicht angenommen werden, daß ein Papst jemals einen vom sittlichen Standpunkt aus verwerflichen Grundsatz aufgestellt, eine unmoralische Entscheidung erlassen, ein den Regeln der christlichen Ethik widersprechendes Verfahren angeordnet habe. Kein Katholik dürfte dann mehr sagen oder denken, daß das Institut der Inquisition eine Verirrung, daß die von den

Päpsten für dasselbe gegebenen Gesetze mitunter unsittlich gewesen seien. Gleichwohl zeigt ein Blick auf die jetzige Literatur, daß heutzutage, wenigstens außerhalb Italiens, Niemand mehr das Institut, wie es wirklich war, und die von den Päpsten für dasselbe gegebenen Gesetze und aufgestellten Grundsätze zu vertheidigen wagt.

19.

Wenn die Unfehlbarkeit der Päpste zum Glaubensprincip erhoben wird, so erhält damit zugleich die von den Päpsten seit Gregor VII. aufgestellte Lehre von der Unterwerfung der Monarchen und Königreiche unter die auch auf das Weltliche und Politische sich erstreckende Herrschaft des römischen Stuhles die Autorität eines Glaubenssatzes. Jeder katholische Christ ist dann verpflichtet, es als eine von Gott geoffenbarte Lehre zu glauben, und es muß in jedem Katechismus gelehrt werden: daß die Päpste eine unbeschränkte Macht über alle Fürsten und Obrigkeiten, über alle Staaten und Gemeinwesen haben, daß sie nach Gutdünken in alle staatlichen Angelegenheiten aus souveräner Machtfülle eingreifen, die Fürsten absetzen, Gesetze umstoßen, über Krieg oder Frieden verfügen können.[1]) Die Bulle Unam Sanctam

---

[1]) Daß mit der Annahme der päpstlichen Untrüglichkeit die Annahme dieser Lehre unauflöslich verknüpft sei, haben die Vertheidiger der Unfehlbarkeit längst erkannt.

So der Cardinal Baronius: Haeresis errore notantur omnes, qui ab Ecclesia Romana, cathedra Petri, e duobus alterum gladium auferunt ac nisi spiritualem concedunt. Annal. ad a. 1053, 14 und wieder a. 1073, 13. Ebenso der Cardinal Bellarmin, adversus Widdrington: Illa sententia est haeretica, cujus contradictoria est de fide. Sed Pontificem habere potestatem deponendi

über die Frage der päpstlichen Unfehlbarkeit. 21

von Papst Bonifacius VIII. ist eine an die ganze Kirche
gerichtete, feierliche dogmatische Entscheidung und erklärt es
für Bedingung des ewigen Seelenheils, alles dieß zu glauben.
Leo X. hat sie auf der lateranischen Synode bestätigt, und
eine ganze Reihe päpstlicher Decrete hat diese Lehre zur
Voraussetzung. Man hat wohl in diesen jüngsten Tagen
versucht, durch künstliche und gewaltsame Interpretation den
Einen Hauptsatz, um dessen willen gerade die ganze Bulle
bekanntlich erlassen worden ist, wieder von dem übrigen
Inhalte, in welchem sich doch alles nur eben als Beleg zu
diesem Satze verhält, zu unterscheiden und zu behaupten,
der Papst möge zwar allerdings in diesem Satze sich geirrt

principes, est de fide; est enim definitum et conclusum a S. Gre-
gorio VII. in Concilio Romano, quod Papae liceat imperatores
deponere, quod a fidelitate iniquorum subjectos potest absolvere.
Der Jesuit Lessius, Pro protestate Summi Pontificis, f. 396:
Plane tenendum est, hanc doctrinam non esse ambiguam, ita ut
utrumque opinari liceat, sed omnino certam, ita ut absque injuria
fidei negari non possit. Primo igitur id probo, quia hae propo-
sitiones in terminis definitae sunt in Concilio Romano, quod Papae
liceat imperatores deponere, quod a fidelitate iniquorum subditos
potest absolvere. Atqui definitio facta a Summo Pontifice cum
Synodo ad fidem pertinet. — Der gepriesenste unter den Theologen
des Jesuiten-Ordens, Suarez, Defensio fidei cathol. lib. 3, c. 22
et 23, lib. 6, c. 4, 6: Tam certum, Papam posse multis de causis
principes poenis temporalibus coërcere vel punire, quam est certum,
ecclesiam non posse in fide et moribus errare. Lib. 6, c. 8:
Propositio haec: Papa habet potestatem ad deponendos reges
haereticos et pertinaces, suove regno in rebus ad salutem animae
pertinentibus perniciosos, inter dogmata fidei tenenda et credenda
est. Nam continetur in verbis Christi Petro dictis, prout Ecclesia
catholica illa intellexit, ut apertissime declaravit Bonifacius VIII.
in Extrav. Unam Sanctam.

haben, dieß thue aber seiner sonstigen Unfehlbarkeit — wenn diese entschieden werden sollte — keinen Eintrag. Aber mit solcher Auslegungs-Methode würde alles in den kirchlichen Entscheidungen ungewiß werden, und sie würde zum Ruin aller wissenschaftlichen Dogmatik führen.

20.

Ferner wird das wichtige und umfassende dogmatische Decret des Papstes Eugen IV. vom Jahre 1439 über die Incarnation und die Sacramente in volle Kraft treten, eine Belehrung, in welcher der Papst, der seine Brüder, zunächst die armenische Nation, im Glauben stärken und zurechtweisen wollte, sich nicht geirrt haben kann. Damit wäre aber die ganze Lehre von den Sacramenten in die heilloseste Verwirrung gebracht, und würde unter anderm die Thatsache sich herausstellen, daß es in der ganzen christlichen Welt, in der morgenländischen wie in der abendländischen Kirche, keine wahre und gültige Priester- und Bischofsweihe mehr gebe.

Würde also die päpstliche Unfehlbarkeit zum Dogma erhoben und mit ihr das dogmatische Decret Eugen's IV., wie sich von selbst versteht, als irrthumsfrei bestätigt, so hätten jene protestantischen Theologen — wie Pfaff, Mosheim und viele andere — Recht, welche behaupten, daß es in der katholischen Kirche keine wahre bischöfliche Succession mehr gebe. Damit würde aber unter anderm auch die ganze Autorität dieses bevorstehenden Concils zusammenbrechen.

21.

Die ganze Geschichte der Kirche zeigt und alle Theologen lehren demgemäß, daß die Kirche dann besonders

einer bis dahin schon geglaubten und verkündigten Lehre
festeren und genaueren Ausdruck gibt oder sie durch ein
dogmatisches Decret fixirt, begränzt und abschließt, wenn
dieselbe vielfach angegriffen, bestritten, als ein Irrthum ver=
dächtigt oder entstellt und verzerrt wird. Dieß war nun
gerade zur Zeit der Trienter Synode mit der päpstlichen
Unfehlbarkeit der Fall. Sie wurde von allen Urhebern und
Anhängern der protestantischen Lehren als eine grundlose
Erfindung, als eine erst später aufgekommene Einbildung
gebrandmarkt. Und die kirchlichen Theologen außerhalb
Italiens, welche sonst alle angegriffenen Lehren nachdrück=
lichst in Schutz nahmen, pflegten bis auf wenige Aus=
nahmen diese Meinung preiszugeben, schweigend oder aus=
drücklich. Für die tridentinische Synode bestand also die
dringendste Aufforderung, wenn sie diese Meinung als zum
Depositum des Glaubens gehörig und durch die Ueberliefe=
rung verbürgt betrachtete, dieselbe zum kirchlichen Glaubens=
artikel zu erheben. Gleichwohl hat die Versammlung dieß
zurückgewiesen und sind die Anträge, welche die päpstlichen
Legaten bereits gestellt hatten, wieder zurückgezogen worden,
als man die Abneigung eines Theiles der Bischöfe erkannte.

22.

Auch das ist nicht ohne Gewicht, daß die Meinung
der päpstlichen Unfehlbarkeit nur durch Zwang und Gewalt
und durch Unterdrückung aller Anderslehrenden sich aus=
zubreiten vermocht hat. In Italien, Spanien und Portugal
hat die Inquisition es unmöglich gemacht, daß eine andere
Lehre in Büchern oder auf den Lehrstühlen vorgetragen wurde.
Gleicher Zwang hat in den großen geistlichen Körperschaften,

den Mönchs-Orden, stattgefunden; an den von Jesuiten beherrschten Universitäten wurde nie geduldet, daß die Hypothese der päpstlichen Untrüglichkeit auch nur in Zweifel gezogen wurde. Auch sind alle Schriften, welche diese Meinung wissenschaftlich geprüft und die geschichtliche Unhaltbarkeit derselben nachgewiesen haben [1]), durch den Index verboten und so viel als möglich unterdrückt worden. Wo aber ein so vollständiger Mangel aller Lehrfreiheit stattgefunden, da kann auch von einem kirchlichen Consensus — das Wort schließt schon jeden Zwang aus — nicht die Rede sein.

23.

Vergleicht man die Theologen, welche zu der einen oder der andern Lehre, der Unfehlbarkeit der Kirche oder der Unfehlbarkeit des Papstes, sich bekannt haben, so ist ohne Widerrede das Uebergewicht gründlicher Gelehrsamkeit und besonders patristischer und kirchengeschichtlicher Erudition auf der Seite der Anhänger der alten Lehre, wie jeder Kenner der kirchlichen Literatur weiß. Das Werk von Bossuet hat selbst in Rom eine so überzeugende Wirkung ausgeübt, daß, nach dem Zeugnisse des Cardinals Orsi, dort die Sache der päpstlichen Unfehlbarkeit nach dessen Erscheinen von vielen gewichtigen Stimmen für verloren gehalten wurde. Die gelehrten Mauriner sind alle der gallicanischen Lehre zugethan gewesen. Dasselbe zeigt sich in neuerer Zeit in Deutschland. Man darf behaupten, daß alle Theologen, welche umfassende Geschichtskenntniß mit biblisch-patristischer

---

[1]) Mit Ausnahme der Werke von Bossuet und von dem Cardinal La Luzerne.

Erudition verbinden, die neue Lehre von der päpstlichen Unfehlbarkeit verworfen haben.

Und wer waren die Vertheidiger dieser Untrüglichkeit? Torquemada, Cajetan, Jacobazzi, Hosius, Polus, Baronius, Bellarmin, Aguirre, Pallavicini, Gotti, Orsi, — Männer, welche entweder Carbinäle waren oder es zur Belohnung dafür wurden, — und neben ihnen Mönche der großen Orden, deren Generale in Rom residiren, vor allen Jesuiten, welche die Vertheidigung und praktische Durchführung der schranken=losen Gewalt des Papstes nach jeder Seite hin zu ihrer Hauptsache, man kann sagen, zu ihrem Lebensprincip ge=macht haben.

24.

Und gerade diesen Theologen ist es von Anfang an stets begegnet, sich auf unechte Zeugnisse, auf Fictionen und Fälschungen zu stützen. Die falschen isidorischen Decre=talen, die erdichteten Zeugnisse der griechischen Kirchenväter, die aus den Werken des heiligen Thomas in die Schriften der folgenden Theologen und Kanonisten übergegangen sind, nebst mehreren anderen unechten Stücken, bilden bei den ersten Vertheidigern der Unfehlbarkeits=Theorie, den Car=binälen Torquemada und Cajetan, dem Minoriten Capistrano, bei Bellarmin und der Schaar derer, die diesen abgeschrieben haben, Hauptbeweise. Das ist dann so fortgegangen. Ni=colaus Sanders, Roccaberti und Aguirre, Vernant, der Jesuiten=General Thyrsus Gonzalez, die Jesuiten Franz Turrianus, Alfons Pisanus, Riccioli, Raynaud; dann die Theologen der römischen Curie, Thomas und Camillo Campeggi, Bzovius, Vaira, der Cardinal Sfondrati, Be=nettis, und zahllose Copisten dieser Männer haben, ohne sich durch die Aufdeckung der Fälschungen und Erdichtungen irren zu lassen, ihren Unfehlbarkeitsbau auf dieser morschen und hinfälligen Grundlage aufgeführt. Selbst in der Gegenwart will man von dieser, der Ehre und dem Ansehen der Kirche so verderblichen Beweisführung nicht ablassen, getrieben von dem Gefühle, daß ohne diese Erdichtungen die Meinung von der päpstlichen Unfehlbarkeit nicht aufgekommen wäre. So hat der Bischof von Neutra, Roskovany, in seinem großen Werk über den Papst die ganze Masse dieser Fictionen in langer Reihe dem Leser wieder vorgeführt. Der Jesuit Weninger, der es mit seinem in New=York und Cincinnati erschienenen Buche vorzüglich auf die nordamerikanischen Bischöfe und Geistlichen abgesehen zu haben scheint, geht sogar so weit, eine rein erdichtete Geschichte des ersten allgemeinen Concils von Nicäa zu geben, um die Autorität des Papstes als die höhere und maßgebende erscheinen zu lassen, und für diese Unwahrheiten den Kirchengeschichtsschreiber Sozomenus, der kein Wort davon sagt, als Zeugen anzuführen. Ebenso verfährt der Franzose Bouix in seinem jüngsten Werke (Tractatus de Papa, 1869): er beruft sich auf die gefälschte Stelle des heiligen Cyprian und auf eine so späte und lächerliche Erdichtung, wie die sogenannten arabischen Kanonen von Nicäa sind. Aehnliche Dinge finden sich in den jüngsten Kundgebungen des Erzbischofs Dechamps von Mecheln, wie z. B. der Gebrauch, den er von einem Briefe des heiligen Basilius gemacht hat.

25.

Sollte die Lehrmeinung von der päpstlichen Unfehlbarkeit wirklich zum kirchlichen Dogma werden, so würde

damit den getrennten Kirchen, der griechisch-russischen und
den protestantischen gegenüber, eine unermeßliche Blöße gegeben. Voraussichtlich würde die ganze Polemik, wie sie
bisher gegen die katholische Lehre und Kirche geführt worden
ist, sich mehr und mehr auf diese Eine Lehre concentriren,
welche nun wirklich der articulus stantis vel cadentis
ecclesiae geworden wäre, und in welcher die Gegner ihre
wirksamsten Waffen, ihre schlagendsten Beweisgründe gerade
aus dem Schooße der Kirche selbst, aus den Schriften ihrer
berühmtesten Theologen, entlehnen könnten. Was werden
die Vertheidiger der Kirche erwidern, wenn ihnen vorgehalten
wird, daß diese Lehre über 1800 Jahre lang theils unbekannt gewesen, theils von einem großen Theile der Kirche,
und gerade von dem gelehrtesten, verworfen und widerlegt
worden sei, daß die angesehenste wissenschaftliche Körper-
schaft in der Kirche, die Pariser Hochschule, vier Jahrhunderte lang das Gegentheil gelehrt habe! — wenn sie auf die
Schriften von Bossuet, Fleury, Natalis Alexander und so
viele andere verweisen! Die ganze Lehre von der Kirche,
insbesondere von den Bedingungen und Erfordernissen eines
kirchlichen Dogma, wird allmählich umgestaltet werden müssen.

26.

Eine der Folgen, welche die wirklich zum kirchlichen
Dogma gewordene Unfehlbarkeits=Theorie nach sich ziehen
müßte, wäre eine ganz unberechenbare Schwächung des
Ansehens der Kirche. Denn nichts kann diesem Ansehen
der Kirche in den Augen aller Gläubigen sowohl als aller
Fremden nachtheiliger sein, als wenn sich zeigte, daß eine
kirchliche Lehre durch das Mittel oder wenigstens unter

wirksamer Beihülfe absichtlicher, lange fortgesetzter und festgehaltener Erdichtungen zu Stande gekommen sei. Dieß ist nun aber mit der Meinung von der päpstlichen Unfehlbarkeit augenscheinlich und unwidersprechlich der Fall. Die Erdichtungen, durch welche diese Meinung vorbereitet, empfohlen, endlich in die scholastische Theologie und in die Rechtsbücher eingeführt worden ist, erstrecken sich vom sechsten bis in das dreizehnte Jahrhundert, und selbst der heilige Thomas von Aquin, dessen Autorität so viel zur Verbreitung und Befestigung der Unfehlbarkeits-Doctrin beigetragen hat, ist durch erdichtete Zeugnisse der griechischen Kirche hintergangen worden.[1]

---

[1] Man vergleiche was die Dominicaner Le Quien, in der Vorrede zu seiner Panoplia, und de Rubeis, in der Einleitung zu der Schrift Contra errores Graecorum in seiner Ausgabe des heiligen Thomas, darüber sagen.

2.
Einige Worte über die Unfehlbarkeitsadresse.
19. Januar 1870.*)

Sie haben die merkwürdige Adresse gebracht, welche aus dem Schooße des vaticanischen Concils heraus den Papst bittet, daß er die erforderlichen Schritte thun möge, um seine eigene Unfehlbarkeit durch die gegenwärtige Versammlung zum Glaubensartikel erheben zu lassen. 180 Millionen Menschen — das verlangen die Bischöfe, welche diese Adresse unterzeichnet haben — sollen künftig durch die Drohung der Ausschließung aus der Kirche, der Entziehung der Sacramente und der ewigen Verdammniß gezwungen werden, das zu glauben und zu bekennen, was die Kirche bisher nicht geglaubt, nicht gelehrt hat. Nicht geglaubt hat! — denn auch diejenigen, welche diese päpstliche Unfehlbarkeit bisher für wahr gehalten haben, konnten sie doch nicht glauben, dieses Wort im christlichen Sinne genommen. Zwischen Glauben — fide divina — und zwischen der verstandesmäßigen Annahme einer für wahrscheinlich gehaltenen Meinung ist ein unermeßlicher Unterschied. Glauben kann und darf der Katholik nur dasjenige, was ihm als

---
*) Allgemeine Zeitung 1870, 21. Januar.

göttlich geoffenbarte, zur Substanz der Heilslehre gehörige, über jeden Zweifel erhabene Wahrheit von der Kirche selbst mitgetheilt und vorgezeichnet wird, nur dasjenige, an dessen Bekenntniß die Zugehörigkeit zur Kirche geknüpft ist, dasjenige, dessen Gegentheil die Kirche schlechthin nicht duldet, als offenbare Irrlehre verwirft. In Wahrheit hat also kein Mensch von Anfang der Kirche bis zum heutigen Tage die Unfehlbarkeit des Papstes geglaubt, das heißt, so geglaubt, wie er an Gott, an Christus, an die Dreieinigkeit des Vaters, Sohnes und h. Geistes u. s. w. glaubt, sondern viele haben es nur vermuthet, haben es für wahrscheinlich oder höchstens für menschlich gewiß — fide humana — gehalten, daß diese Prärogative dem Papste zukomme. Demnach wäre die Veränderung in dem Glauben und der Lehre der Kirche, welche die Adreß-Bischöfe durchgeführt wissen wollen, ein in der Geschichte der Kirche einzig dastehendes Ereigniß; in achtzehn Jahrhunderten ist nichts ähnliches vorgekommen. Es ist eine kirchliche Revolution, welche sie begehren, um so durchgreifender, als es sich hier um das Fundament handelt, welches den religiösen Glauben jedes Menschen künftig tragen und halten soll, als an die Stelle der ganzen, in Zeit und Raum universalen Kirche ein einzelner Mensch, der Papst, gesetzt werden soll. Bisher sagte der Katholik: ich glaube diese oder jene Lehre auf das Zeugniß der ganzen Kirche aller Zeiten, weil sie die Verheißung hat, daß sie immerdar bestehen, stets im Besitz der Wahrheit bleiben soll. Künftig aber müßte der Katholik sagen: ich glaube, weil der für unfehlbar erklärte Papst es zu lehren und zu glauben befiehlt. Daß er aber unfehlbar sei, das glaube ich, weil er es von sich behauptet. Denn 400 ober 600 Bischöfe haben zwar im Jahre 1870 zu Rom beschlossen, daß der Papst unfehlbar sei; allein alle Bischöfe und jedes Concil ohne den Papst sind der Möglichkeit des Irrthums unterworfen; Untrüglichkeit ist das ausschließende Vorrecht und Besitzthum des Papstes, sein Zeugniß können die Bischöfe, viele oder wenige, weder verstärken noch abschwächen; jener Beschluß hat also nur so viel Kraft und Autorität, als der Papst ihm, indem er sich denselben aneignet, verliehen hat. Und so löst sich denn alles zuletzt in das Selbstzeugniß des Papstes auf, was freilich sehr einfach ist. Daneben sei nur erinnert, daß vor 1840 Jahren ein unendlich Höherer einmal gesagt hat: „Wenn ich mir selber Zeugniß gebe, so ist mein Zeugniß nicht glaubwürdig" (Joh. 5, 31).

Die Adresse gibt insbesondere zu folgenden Bedenken Anlaß:

Erstens: Sie beschränkt die Unfehlbarkeit des Papstes auf diejenigen Aussprüche und Decrete, welche derselbe an die Gesammtheit aller Gläubigen richtet, also zur Belehrung der ganzen katholischen Kirche erläßt.

Daraus würde also folgen, daß, wenn ein Papst nur an einzelne Personen, Körperschaften, Particularkirchen sich wendete, er stets dem Irrthum preisgegeben war. Nun haben aber die Päpste zwölf oder dreizehn Jahrhunderte lang die Bedingung, an welche die Irrthumslosigkeit ihrer Entscheidungen oder Belehrungen geknüpft sein soll, nie verwirklicht: alle Kundgebungen der Päpste über Fragen der Lehre vor dem Ende des 13. Jahrhunderts sind nur an bestimmte Personen oder an die Bischöfe eines Landes u. s. w. gerichtet. Der ganzen orientalischen Kirche ist niemals, in dem Jahrtausend der Vereinigung, ein allgemein lautendes Decret eines Papstes mitgetheilt worden; nur — und in langen Zwischenräumen — an einzelne Patriarchen oder an Kaiser haben die Päpste dogmatische Schreiben gerichtet.

Es ist also klar, daß die Päpste selber von dieser Bedingung, von welcher die Sicherheit und Unfehlbarkeit ihrer Entscheidungen abhängen soll, mindestens tausend Jahre lang keine Ahnung gehabt haben, wie denn diese Behauptung auch erst sehr spät ersonnen und der Kirche vor dem J. 1562 unbekannt gewesen ist. In diesem Jahre hat sie nämlich der Löwener Theologe Johann Hessels zum ersten Mal vorgetragen, von dem sie Bellarmin entlehnte und mit Stellen aus den falschen isidorischen Decretalen und mit den erdichteten Zeugnissen des heiligen Cyrillus stützte. Mit einem einzigen vorgesetzten Worte, durch die bloße Aufschrift hätten die Päpste ihren dogmatischen Kundgebungen, nach dieser Theorie, die höchste Prärogative der Irrthums= losigkeit verleihen können; — sie haben es nicht gethan, haben Personen und Gemeinden in die Gefahr versetzt, durch An= nahme ihrer, ohne die Bürgschaft göttlicher Gewißheit ge= gebenen Entscheidungen in Irrthümer zu verfallen!

Zweitens: Es ist unwahr, daß „gemäß der all= gemeinen und constanten Tradition der Kirche die dogmati= schen Urtheile der Päpste irreformabel sind". Das Gegen= theil liegt vor Aller Augen. Die Kirche hat die dogmatischen Schreiben der Päpste stets erst geprüft und ihnen in Folge dieser Prüfung entweder zugestimmt, wie das Concil von Chalcedon mit dem Schreiben Leo's gethan, oder sie als irrig verworfen, wie das fünfte Concil (im J. 553) mit dem

Constitutum des Vigilius, das sechste Concil (681) mit dem Schreiben des Honorius gethan hat.

Drittens: Es ist nicht richtig, daß auf dem zweiten Concil von Lyon (1274) durch die Zustimmung der Griechen sowohl als der Lateiner ein Glaubensbekenntniß angenommen worden sei, in welchem erklärt wird, daß „Streitigkeiten über den Glauben durch das Urtheil des Papstes entschieden werden müßten". Weder die Griechen noch die Lateiner, das heißt, die zu Lyon versammelten abendländischen Bischöfe, eigneten sich dieses Glaubensbekenntniß an, sondern der verstorbene Papst Clemens IV. hatte es dem Kaiser Michael Paläologus als Bedingung seiner Zulassung zur Kirchengemeinschaft geschickt. Michael, im unsicheren Besitz der erst kürzlich wieder eroberten Hauptstadt, schwer bedroht von dem lateinischen Kaiser Balduin und dem König Karl von Sicilien, bedurfte dringend des Papstes, der allein seinen Hauptfeind zur Ruhe nöthigen konnte, und verstand sich daher zu den Bedingungen kirchlicher Unterwerfung, welche die Päpste ihm vorschrieben, wiewohl unter dem beharrlichen Widerspruche der griechischen Bischöfe und der Nation. Er rückte also die ihm auferlegte Formel in das Schreiben ein, welches auf dem Concil vorgelesen und von seinem Gesandten, dem Logotheten, bestätigt wurde. Er selber erklärte zu Hause, in Konstantinopel, die drei Zugeständnisse, die er dem Papst gemacht habe, für illusorisch. (Pachymeres de Michaele Palaeol. 5, 22.) Die versammelten Bischöfe aber haben sich gar nicht in der Lage befunden, über diese Formel eine Meinung abzugeben.

Viertens: Das Decret der florentinischen Synode wird hier verstümmelt angeführt; gerade der Hauptsatz, dessen

Formulirung in Folge langer Verhandlungen zwischen den Griechen und den Italienern zu Stande kam, und auf den das größte Gewicht gelegt wurde, weil das Vorausgehende nur gemäß der darin enthaltenen Beschränkung verstanden werden sollte, ist weggelassen, der Satz nämlich: juxta eum modum, quo et in gestis et in sacris canonibus oecumenicorum conciliorum continetur. Der Papst und die Cardinäle verlangten nämlich beharrlich, daß als nähere Bestimmung, wie der Primat des Papstes zu verstehen sei, beigesetzt werde: juxta dicta Sanctorum. Das wiesen die Griechen mit gleicher Beharrlichkeit zurück. Sie wußten wohl, daß unter diesen „Zeugnissen der Heiligen" sich eine beträchtliche Anzahl sehr weitgehender erdichteter oder gefälschter Stellen befinde. Hatte doch der lateinische Erzbischof Andreas, einer der Redner, sich schon in der siebenten Sitzung auf die berüchtigten Cyrillus=Zeugnisse berufen, die, seitdem Thomas von Aquin und Papst Urban IV. zuerst dadurch hintergangen worden waren, im Occident eine gewaltige und nachhaltige Wirkung hervorgebracht hatten, jetzt aber von den Griechen zurückgewiesen wurden. Der Kaiser bemerkte noch: wenn einer der Väter in einem Briefe an den Papst sich im Complimenten=Styl geäußert habe, so dürfe man daraus nicht gleich Rechte und Privilegien ableiten wollen. Die Lateiner gaben endlich nach; die dicta Sanctorum verschwanden aus dem Entwurf, und dafür wurden als Maßstab und Schranke des päpstlichen Primats die Verhandlungen der ökumenischen Concilien und die heiligen Canones gesetzt. Damit war jeder Gedanke an päpstliche Unfehlbarkeit ausgeschlossen, da in den alten Concilien und in den, beiden Kirchen gemeinschaftlichen vor-isidorischen Canones sich nicht nur nichts findet, was auf ein derartiges Vorrecht hinwiese, sondern die ganze alte Gesetzgebung der Kirche, sowie das Verfahren und die Geschichte der sieben ökumenischen Concilien — diese waren gemeint — ganz evident einen Zustand voraussetzen, in welchem die höchste Autorität der Lehre nur der gesammten Kirche, nicht aber einem einzelnen der fünf Patriarchen — das war der Papst in den Augen der Griechen — zusteht. Ueberdieß hatte Erzbischof Bessarion im Namen sämmtlicher Griechen erst kurz vorher erklärt, daß der Papst geringer als das Concil — also auch nicht unfehlbar — sei. (Sess. IX, Concil. ed. Labbe XIII, 150.) Es ist also eine Verstümmelung, welche einer Verfälschung gleichkommt, wenn man aus dem Decret der Florentiner Synode gerade den Hauptsatz, auf welchen die, für welche das Decret gemacht wurde, den höchsten Werth legten, wegstreicht. Der Satz war in den Augen der Griechen so unentbehrlich, daß sie unverrichteter Dinge abreisen zu wollen erklärten, wenn man ihn nicht einrücke. Auch darauf bestanden sie, und setzten es durch, daß alle Rechte und Privilegien der übrigen Patriarchen im Decret vorbehalten würden; daß aber das Recht, selbstständig an der Feststellung der gemeinschaftlichen kirchlichen Lehre theilzunehmen, und nicht etwa bloß den Ansprüchen eines unfehlbaren Meisters sich unterwerfen zu müssen, den Patriarchen zustehe, hatten die Päpste früher selber erklärt.

Es liegt freilich noch ein anderer Grund zu der von dem Concipienten der Adresse begangenen Verstümmelung des florentinischen Decrets vor. Sollte er nämlich den lateinischen Text in seiner ursprünglichen, dem Griechischen entsprechenden Fassung geben, wie sie Flavius Blondus, Secretär des Papstes Eugen IV., und die älteren Theologen haben: quemadmodum et in actis conciliorum et in sacris canonibus continetur? — oder sollte er die (zuerst von Abraham Bartholomäus angebrachte) Fälschung,[1]) wo statt des et gesetzt ist: etiam, sich aneignen? Durch dieses etiam wird der Sinn des Decrets völlig geändert, und die Absicht des Zusatzes vernichtet; es ist aber, obgleich es eine handgreifliche Fälschung ist, in die Concilien-Sammlungen und dogmatischen Lehrbücher übergegangen, und es wäre hohe Zeit, diesen Stein des Anstoßes für die Orientalen wegzuräumen und den echten Text, nämlich den dem griechischen Wortlaut entsprechenden, herzustellen. Dann aber wäre freilich das Decret für die Zwecke der Infallibilisten nicht mehr brauchbar, wie der Erzbischof von Paris, De Marca, schon vor 200 Jahren nachgewiesen hat. (Concord. Sacerd. et Imperii 3, 8.) Er bemerkt richtig: Verba graeca in sincero sensu accepta modum exercitio

---

[1]) Auf die Autorität des päpstlichen Secretärs Flavio Bionbo hin, welcher den griechischen Text richtig übersetzt hat, nahm ich an, daß die unrichtige und den Sinn des Griechischen unverkennbar alterirende Version des quemadmodum etiam eine spätere Veränderung sei. Ich habe mich aber seitdem sowohl aus Frommann's Darlegung in der Allg. Zeitung, als aus dem Abbruck des Original-Documents in dem Archivio Storico Italiano 1857, II. p. 219 überzeugt, daß diese Worte allerdings gleich im ersten lateinischen Texte schon standen, so daß vom ersten Anfang an griechischer und lateinischer Text von einander abwichen. Daß die Griechen den Text, wie er im Lateinischen lautet, nicht angenommen haben würden, wenn sie ihn gekannt und verstanden hätten, beweisen die vorausgegangenen Verhandlungen (29. April).

potestatis pontificiae imponunt ei similem quem ecclesia Gallicana tuetur. At e contextus latini depravata lectione eruitur, plenam esse Papae potestatem idque probari actis conciliorum et canonibus.

Die Abreſſe erklärt ſich mit beſonderer Indignation (acerbissimi catholicae doctrinae impugnatores — blaterare non erubescunt) gegen die, welche die florentiniſche Synode nicht für ökumeniſch halten. Die Thatſachen mögen ſprechen. Die Synode wurde bekanntlich berufen, um das Concil zu Baſel zu Grunde zu richten, als dieſes mehrere der römiſchen Curie läſtige Reformen zu beſchließen begonnen hatte. Am 9. April 1438 wurde ſie zu Ferrara eröffnet, und nun mußte ſechs Monate lang gewartet werden, ohne daß irgend etwas geſchah; ſo gering war die Zahl der herbeigekommenen Biſchöfe. Aus dem ganzen nördlichen, damals noch völlig katholiſchen Europa, aus Deutſchland, den ſkandinaviſchen Ländern, Polen, Böhmen, dem damaligen Frankreich, Caſtilien, Portugal u. ſ. w. kam Niemand; man kann ſagen: neun Zehntheile der damaligen katholiſchen Welt betheiligten ſich grundſätzlich nicht an der Synode, weil ſie dieſelbe der Baſeler Verſammlung gegenüber für illegitim hielten und Jedermann wußte, daß für die bringendſte Angelegenheit, die Reform der Kirche, dort nichts geſchehen werde. So brachte endlich Eugen mit Mühe eine Schaar italieniſcher Biſchöfe, gegen 50, zuſammen, wozu dann noch einige vom Herzog von Burgund geſchickte Biſchöfe, einige Provenzalen und ein paar Spanier kamen; — in allem waren es 62 Biſchöfe, welche unterzeichneten. Die griechiſchen Prälaten mit ihrem Kaiſer waren, in der äußerſten Gefahr des Untergangs, durch die

Verheißung von Geld, Schiffen und Soldaten dahin gezogen worden; der Papst hatte zudem versprochen, die Kosten ihres Aufenthalts in Ferrara und Florenz und ihrer Rückreise zu tragen. Als sie sich unnachgiebig zeigten, entzog er ihnen die Subsidien, so daß sie in bittere Noth geriethen, und endlich, gezwungen durch den Kaiser und durch Hunger gedrängt, Dinge unterzeichneten, die sie später fast alle widerriefen. Das Urtheil eines griechischen Zeitgenossen, des Amyrutius, welches der römische Gelehrte Allatius (de perp. consens. 3, 1, 4) anführt, ist damals das herrschende Urtheil unter den Griechen gewesen: „Wird wohl", sagte er, „Jemand im Ernst diese Synode für eine ökumenische ausgeben, welche Glaubensartikel mit Geld erkaufte, welche simonistisch ihre Beschlüsse nur durch Aussicht auf finanzielle und militärische Hülfeleistung durchzusetzen vermochte?" In Frankreich ist vor der Revolution die florentinische Synode als unecht verworfen worden; das hat der Cardinal Guise, ohne irgend einen Widerspruch zu erfahren, auf dem tridentinischen Concil erklärt. Der portugiesische Theologe Payva de Andraba sagt darüber: Florentinam (synodum) sola Gallia — pro oecumenica nunquam habuit, quippe quam neque adire, dum agitaretur, neque admittere jam perfectam atque absolutam voluerit. (Defens. fid. Trident. pag. 431, ed. Colon. 1580.)

Der übrige Text der Adresse beschäftigt sich mit der Ausführung, daß die Aufstellung des neuen Glaubensartikels gerade jetzt zeitgemäß, ja bringend nothwendig sei, weil einige Personen, die sich für Katholiken ausgeben, jüngst diese Meinung von der päpstlichen Untrüglichkeit bestritten haben. Was die Adresse hier theils sagt, theils als (in Rom) bekannt voraussetzt, ist wesentlich folgendes: An und für sich, meint sie, wäre es nicht gerade absolut nothwendig gewesen, die Zahl der Glaubenslehren durch ein neues Dogma zu vermehren, aber die Lage habe sich so gestaltet, daß dieß jetzt unausweichlich sei. Seit mehreren Jahren hat nämlich der Jesuiten=Orden, unterstützt von einem Anhang Gleichgesinnter, eine Agitation zu Gunsten des zu machenden Dogmas zugleich in Italien, Frankreich, Deutschland und England begonnen. Eine eigene religiöse Gesellschaft, zu dem Zwecke für die Erlangung des neuen Dogmas zu beten und zu wirken, ist von den Jesuiten gegründet und öffentlich angekündigt worden. Ihr Haupt= organ, die in Rom erscheinende Civiltà, hat es zum voraus als die Hauptaufgabe des Concils bezeichnet, der harrenden Welt das Geschenk des fehlenden Glaubensartikels entgegen zu bringen. Ihre „Laacher Stimmen" und Wiener Publica= tionen haben dasselbe Thema breit und in unermüdlicher Wiederholung erörtert. Bei dieser Agitation wäre es nun die Pflicht aller Andersdenkenden gewesen, in ehrfurchtsvollem Schweigen zu verharren, die Jesuiten und ihren Anhang ruhig gewähren zu lassen, die von ihnen in zahlreichen Schriften vorgebrachten Argumente keiner Prüfung zu unterziehen. Leider ist dieß nicht geschehen; einige Menschen haben die unerhörte Frechheit gehabt, das heilige Schweigen zu brechen und eine abweichende Meinung kund zu geben. Dieses Aergerniß kann nur durch eine Vermehrung des Glaubens= bekenntnisses, eine Veränderung der Katechismen und aller Religionsbücher gesühnt werden.

3.
Die neue Geschäftsordnung des Concils und ihre theologische Bedeutung.
9. März 1870.[1])

Die neue Geschäftsordnung, welche dem Concil durch die fünf Cardinal-Legaten auferlegt worden, ist völlig verschieden von allem, was sonst auf Concilien gebräuchlich war, und zugleich maßgebend und entscheidend für den ferneren Verlauf dieser Versammlung und für die zahlreichen Decrete, welche durch sie zu Stande gebracht werden sollen. Sie verdient daher die sorgfältigste Beachtung. Zur geschichtlichen Orientirung mag nur in der Kürze erwähnt werden, daß für die allgemeinen Concilien der alten Kirche im ersten Jahrtausend eine bestimmte Geschäftsordnung nicht existirte. Nur für römische und spanische Provinzial-Concilien gab es ein liturgisches Ceremoniell.[2]) Alles wurde in voller Versammlung vorgetragen; jeder Bischof konnte Anträge stellen, welche er wollte, und die Präsidenten, die

---

[1]) Allgemeine Zeitung 1870, 11. März.
[2]) Aufgenommen von Pseudo-Isidor und abgedruckt bei Mansi, Concil. Coll. I, 10.

weltlichen sowohl, welche die Kaiser sandten, als die geistlichen, sorgten für Ordnung und leiteten die Verhandlungen in einfachster Weise. Die großen Concilien zu Constanz und Basel machten sich eine eigene Ordnung, da die Theilung und Abstimmung nach Nationen eingeführt wurde. In Trient wurde diese Einrichtung wieder verlassen, aber die Legaten, welche präsidirten, vereinbarten die Geschäftsordnung mit den Bischöfen, der Cardinal del Monte ließ darüber abstimmen und alle genehmigten sie.[1]) Von keiner Seite erfolgte ein Widerspruch. So ist denn die heutige römische Synode die erste in der Geschichte der Kirche, in welcher den versammelten Vätern, ohne jede Theilnahme von ihrer Seite, die Procedur vorgeschrieben worden ist. Das erste Regolamento erwies sich so hemmend und unpraktisch, daß wiederholte Gesuche um Abänderung und Gestattung freierer Bewegung von verschiedenen Fractionen des Episkopats an den Papst gerichtet wurden. Dieß war vergeblich; aber nach britthalb Monaten fanden die fünf Legaten endlich selber, daß, wenn das Concil nicht in's Stocken gerathen solle, eine Aenderung und Ergänzung bringend nothwendig sei. Auf die Petitionen der Bischöfe ist indeß in der neuen Einrichtung keine Rücksicht genommen worden.

Zwei Züge treten darin vor allem hervor. Einmal ist alle Macht und aller Einfluß auf den Gang des Concils in die Hände der präsidirenden Legaten und der Deputationen gelegt, so daß das Concil selbst ihnen gegenüber machtlos und willenlos erscheint. Sodann sollen die ge-

---

[1]) Le Plat, Monumenta, III, 418: Dicant Patres, utrum hic modus procedendi eis placeat, — worauf abgestimmt wurde.

wichtigsten Fragen des Glaubens und der Lehre durch einfache Mehrheit der Kopfzahl, durch Aufstehen und Sitzenbleiben, entschieden werden.

Man hat bekanntlich in den zwei Jahren, welche der Eröffnung des Concils vorhergegangen, eine Menge von Abhandlungen mit dazu gehörigen Decreten und Canones ausarbeiten lassen; diese sollen nun von dem Concil angenommen und dann vom Papst „approbante Concilio" als Gesetze, als Lehr= und Glaubensnormen für die ganze katholische Christenheit, verkündigt werden. Es sind im ganzen einundfünfzig solcher Schemata, von welchen bis jetzt erst fünf discutirt sind.

Das Verfahren, welches bei der Berathung und Abstimmung stattfinden soll, ist nun folgendes:

1. Das Schema wird mehrere (zehn) Tage vor der Berathung den Vätern des Concils ausgetheilt, welche dann schriftliche Erinnerungen, Ausstellungen, Verbesserungsanträge machen können.

2. In diesem Fall müssen sie sogleich eine neue Formel oder Fassung des betreffenden Artikels, statt der von ihnen beanstandeten, in Vorschlag bringen.

3. Solche Anträge werden durch den Secretär der einschlägigen Deputation — es sind deren vier — übergeben, welche dann nach ihrem Ermessen davon Gebrauch macht, indem sie das Schema, wenn sie es für zweckmäßig hält, reformirt, und dann in einem, aber nur summarisch gehaltenen Bericht dem Concil von den gestellten Anträgen eine Notiz gibt.

4. Die Präsidenten können jedes Schema, entweder

bloß im Ganzen oder auch in Abschnitte getheilt, der Berathung unterstellen.

5. Bei der Berathung können die Präsidenten jeden Redner unterbrechen, wenn es ihnen scheint, daß er nicht bei der Sache bleibe.

6. Die Bischöfe der Deputation können in jedem Moment das Wort ergreifen, um den Bischöfen, welche den Wortlaut des Schema beanstanden, zu erwidern.

7. Zehn Väter reichen hin, um den Schluß der Discussion zu beantragen, worüber dann mit einfacher Mehrheit durch Aufstehen oder Sitzenbleiben entschieden wird.

8. Bei der Abstimmung über die einzelnen Theile des Schema wird zuerst über die vorgeschlagenen Veränderungen, dann über den von der Deputation vorgelegten Text durch Aufstehen oder Sitzenbleiben abgestimmt, so daß die einfache Mehrheit entscheidet.

9. Hierauf wird über das ganze Schema mit Namensaufruf abgestimmt, wobei jeder der Väter mit placet oder non placet antwortet. Ob auch hier die bloße Mehrheit der Kopfzahl entscheiden solle, ist nicht angegeben. Es scheint aber nach der Analogie bejaht werden zu müssen; denn das ganze Schema ist ja doch nur wieder ein Stück oder ein Theil von einem größeren Ganzen, und es liegt durchaus kein Grund vor, mit dem größeren Stück anders zu verfahren als mit dem kleineren. Würde das Princip der schlechthinigen Mehrheit hier verlassen, so würden wohl gerade die wichtigeren, tiefer einschneidenden Schemata verloren gehen.

Man sieht nun wohl, daß einige parlamentarische Formen in diese Geschäftsordnung hinübergenommen sind.

Aber wenn in politischen Versammlungen gewisse, den hier gegebenen ähnliche Einrichtungen bestehen, so sollen sie gewöhnlich zum Schutze der Minderheit gegen Majorisirung dienen, während sie hier umgekehrt zu dem Zwecke gegeben zu sein scheinen, die Mehrheit noch mächtiger und unwiderstehlich zu machen, wie sich dieß besonders in dem ihr eingeräumten Rechte zeigt, die Discussion, sobald es ihr gefällt, abzuschneiden und also der Minderheit das Wort zu entziehen; dieß wird um so peinlicher wirken, als bekanntlich auch die Möglichkeit, sich in gedruckten Gutachten oder Aufklärungen den übrigen Mitgliedern des Concils mitzutheilen, weder für einzelne, noch für ganze Gruppen von Bischöfen gegeben ist.

In politischen Versammlungen können Beschlüsse gefaßt, selbst Gesetze gegeben werden durch einfache Mehrheit, da keine der folgenden Parlamente oder Kammern durch die Beschlüsse und Gesetze der früheren gebunden ist. Jede kann zu jeder Zeit eine Satzung ihrer Vorgängerinnen ändern oder abrogiren. Aber die dogmatischen Beschlüsse eines Concils sollen, wenn es wirklich ein ökumenisches ist, für alle Zeiten unantastbar und unwiderruflich gelten.

Voraussichtlich wird bei den nun folgenden Abstimmungen die Mehrheit dieses Concils nicht etwa eine flüssige, auf- und abwogende sein, sie wird nicht wechseln mit den zu fassenden Beschlüssen, sondern sie wird sich, mit geringen Schwankungen der Zahl, in ihrer Zusammensetzung wesentlich gleich bleiben. Denn es ist bekannt, daß die Theilung der Bischöfe in eine Mehrheit und eine Minderheit sich gleich von Anfang an, schon bei der Wahl der Deputationen und ehe noch eine einzige Abstimmung stattgefunden, scharf und entschieden herausgestellt hat. So mußte es kommen, weil in der Frage von der päpstlichen Unfehlbarkeit sich alsbald ein durchgreifender und principieller Gegensatz ergab, und man sofort erkannte, daß diese Frage die Hauptangelegenheit der Versammlung bilde und alle anderen von ihr beherrscht würden. Es steht zu erwarten, daß die Anhänger der Unfehlbarkeitstheorie die Vorlagen so, wie sie aus den Händen der Deputationen hervorgehen, auch unbedenklich votiren werden; denn für sie ist ganz folgerichtig alles maßgebend, was vom römischen Stuhle ausgeht, und dafür ist ausreichend gesorgt, daß in den Deputationen, welchen jetzt über alle auf die Verbesserung der Schemata bezüglichen Anträge die umfassendste und inappelabele Gewalt übertragen ist, nur eine Ansicht sich geltend machen kann. Ein Blick auf das Personal der wichtigsten Deputation, de fide, genügt. Vor allem findet sich da der Römer Carboni, der schon in der Vorbereitungs-Commission das Dogma der päpstlichen Unfehlbarkeit in einer eigenen Denkschrift empfohlen und in seiner Commission hat annehmen lassen. Neben ihm der Jesuit Steins, sodann die beredten Namen Dechamps von Mecheln, Spalding von Baltimore, Pie von Poitiers, Ledochowski, Hassun der Armenier, de Preux von Sitten; von Deutschen Martin, Senestrey, Gasser von Brixen; zwei Spanier, drei Südamerikaner, drei Italiener, ein Irländer, endlich Simor, Regnier und Schaepman.

Seit 1800 Jahren hat es in der Kirche als Grundsatz gegolten, daß Decrete über den Glauben und die Lehre nur mit einer, wenigstens moralischen Stimmeneinhelligkeit votirt werden sollten. Dieser Grundsatz steht mit dem ganzen System der katholischen Kirche im engsten Zusammenhang. Es ist kein Beispiel eines Dogma bekannt, welches durch eine einfache Stimmenmehrheit, unter dem Widerspruche einer Minderheit, beschlossen und darauf hin eingeführt worden wäre.

Um dieß klar zu machen, muß ich mir Raum für eine kurze theologische, aber hoffentlich allgemein verständliche Erörterung erbitten.

Die Kirche hat ein ihr von Anfang an übergebenes Depositum geoffenbarter Lehre zu bewahren und zu verwalten.[1]) Sie empfängt keine neuen Offenbarungen, und sie macht keine neuen Glaubensartikel. Und wie mit der Kirche selbst, so ist es auch mit dem allgemeinen Concil.[2])

---

[1]) Die Theologie hat sich in der Entwicklung dieser Fragen angeschlossen an die allgemein als classisch und völlig correct angenommene Schrift des Vincentius von Lerins, das Commonitorium, das schon um das Jahr 434 erschien. Auf diese beziehe ich mich daher in dem folgenden.

[2]) So sagt der Bischof Fisher von Rochester, der für den Primat des Papstes sein Leben opferte, in seiner Streitschrift gegen Luther (Opera, ed. Wirceburg. 1597, p. 592) mit Berufung auf den gleichen Ausspruch des Duns Scotus: In eorum (des Concils mit dem Papste) arbitrio non est situm, ut quicquam tale vel non tale faciant, sed spiritu potius veritatis edocti id, quod revera pridem de substantia fidei fuerat, jam declarant, esse de substantia fidei. Und der Minorit Davenport, Systema fidei, p. 140: Secundum receptam, tam veterum, quam modernorum doctorum sententiam ecclesia non potest agere ultra revelationes antiquas; nihil potest hodie declarari de fide, quod non habet talem identitatem cum prius revelatis. — — — Unde semper docet Scotus: Quod illae conclusiones solum possunt infallibiliter declarari et determinari per ecclesiam, quae sunt necessario inclusae in

und ihre theologische Bedeutung. 47

Das Concil ist die Repräsentation, die Zusammenfassung der ganzen Kirche; die Bischöfe auf demselben sind die Gesandten und Geschäftsträger aller Kirchen der katholischen Welt; sie haben im Namen der Gesammtheit zu erklären, was diese Gesammtheit der Gläubigen über eine religiöse Frage denkt und glaubt, was sie als Ueberlieferung empfangen hat. Sie sind also als Procuratoren anzusehen, welche die ihnen gegebene Vollmacht durchaus nicht überschreiten dürfen.[1]) Thäten sie es, so würde die Kirche, deren Vertreter sie sind, die von ihnen aufgestellte Lehre und Definition nicht bestätigen, vielmehr als etwas ihrem gläubigen Bewußtsein fremdes zurückweisen.

Die Bischöfe auf dem Concil sind also vor allem

---

articulis creditis. Si igitur per accidens conjunguntur, vel si solum probabiliter sequuntur ex articulis, fidem non attingent per quascumque determinationes, quia concilia non possunt identificare, quae sunt ex objecto diversa, nec necessario inferre ea, quae solum apparenter seu probabiliter sunt inclusa in articulis creditis.

[1]) Concilium non est ipsamet ecclesia, sed ipsam tantum repraesentat; — — id est episcopi illi, qui concilio adsunt, legati mittuntur ab omnibus omnium gentium catholicarum ecclesiis, qui ex nomine totius universitatis declarent, quid ipsa universitas sentiat et quid traditum acceperit. Itaque ejusmodi legati omnium ecclesiarum sunt veluti procuratores, quibus nefas esset procurationem sibi creditam tantillum excedere. Unde constat, quod si quingenti episcopi, ut videre est in exemplis Ariminensis et Constantinopolitanae contra imagines coactae synodi, suam de fide communi declaranda procurationem tantillum excederent, universa ecclesia, cujus sunt tantummodo procuratores et simplex repraesentatio, definitionem factam ab illis ratam non haberet, imo repudiaret. Oeuvres de Fénelon, Versailles 1820, II, 361.

Zeugen: sie sagen aus und constatiren, was sie und ihre Gemeinden als Glaubenslehre empfangen und bisher bekannt haben; sie sind aber auch Richter, nur daß ihre richterliche Gewalt über den Glauben nicht über den Bereich ihres Zeugenthums hinausgehen darf, vielmehr durch dieses fortwährend bedingt und umschrieben ist. Als Richter haben sie das Gesetz (die Glaubenslehre) nicht erst zu machen, sondern nur zu interpretiren und anzuwenden. Sie stehen unter dem öffentlichen Rechte der Kirche, an welchem sie nichts zu ändern vermögen. Sie üben ihr Richteramt, erstens, indem sie die von ihnen abgelegten Zeugnisse unter einander prüfen und vergleichen und deren Tragweite erwägen; zweitens, indem sie nach gewissenhafter Prüfung erklären, ob an einer Lehre die drei unentbehrlichen Bedingungen der Universalität, der Perpetuität und des Consensus (ubique, semper, ab omnibus) zutreffen, ob also die Lehre als die allgemeine Lehre der ganzen Kirche, als wirklicher Bestandtheil des göttlichen Depositums, allen gezeigt und ihr Bekenntniß jedem Christen auferlegt werden könne.[1] Ihre Prüfung hat sich demnach sowohl über die

---

[1] So der Jesuit Bagot in seiner Institutio theologica de vera religione, Paris 1645, p. 395: Universitas sine duabus aliis, nimirum antiquitate et consensione, stare non potest. Quod autem triplici illa probatione confirmatur, est haud dubie ecclesiasticum et catholicum. Quod si universitatis nota deficit et nova aliqua quaestio exoritur, novaque contagio ecclesiam commaculare incipit, tunc hac universitate praesentium ecclesiarum deficiente recurrendum est ad antiquitatem. Notat enim Vincentius, posse aliquam haereseos contagionem occupare multas ecclesias, sicut constat de Ariana, adeo ut aliquando plures ecclesiae et episcopi diversarum nationum Ariani quam catholici reperirentur.

Vergangenheit als über die Gegenwart zu erstrecken. So ist von dem Amte der Bischöfe auf Concilien jede Willkür, jedes bloß subjective Gutdünken ausgeschlossen. Es würde da frevelhaft und verderblich sein; denn da die Kirche keine neuen Offenbarungen empfängt, keine neuen Glaubensartikel macht, so kann und darf auch ein Concil die Substanz des Glaubens nicht ändern, nichts davon wegnehmen und nichts hinzufügen. Ein Concilium macht also dogmatische Decrete nur über Dinge, welche schon in der Kirche, als durch Schrift und Tradition bezeugt, allgemein geglaubt wurden,[1])

Et quantumvis doctrina aliqua latissime pateat, si tamen novam esse constat, haud dubie erronea est, nec enim est apostolica, nec per successionem et traditionem ad nos usque pervenit. Deinde, ut notat idem Vincentius, antiquitas non potest jam seduci. Verum enimvero quia et ipse error antiquus esse potest, idcirco, cum consulitur vetustas, in ea quaerenda est consensio.

[1]) So Vincentius: Hoc semper *nec quidquam aliud* conciliorum decretis catholica perfecit ecclesia, nisi ut quod a majoribus sola traditione susceperat, hoc deinde posteris per scripturae chirographum consignaret. Commonit. cap. 32. Der tridentinische Theologe Vega, bei Davenport p. 9: Concilia generalia hoc tantum habent, ut veritates jam alias, vel in seipsis, vel in suis principiis a Deo ecclesiae vel SS. Patribus revelatas, vel per scripturas vel traditionem prophetarum et apostolorum, tum declarent, tum confirment et sua autoritate claras et apertas et absque ulla ambiguitate ab omnibus catholicis tenendas tradant. Addit: et ad hoc dico: praesentia Spiritus sancti illustrantur, primo ut infallibiles declarent veritates ecclesiae revelatas, et secundo, ut ad terminanda dubia in ecclesia suborta extirpandosque errores et abusus infallibiliter etiam ex revelatis colligant populo christiano credenda et usurpanda in fide et moribus.

ober welche als evidente und klare Folgerungen in den bereits geglaubten und gelehrten Grundsätzen enthalten sind. Wenn aber eine Meinung Jahrhunderte lang stets auf Widerspruch gestoßen und mit allen theologischen Waffen bestritten worden, also stets mindestens unsicher gewesen ist, so kann sie nie, auch durch ein Concilium nicht, zur Gewißheit, das heißt zur Dignität einer göttlich geoffenbarten Lehre erhoben werden. Daher der gewöhnliche Ruf der Väter auf den Concilien nach der Annahme und Verkündigung eines dogmatischen Decrets: haec fides patrum.

Soll also z. B. an die Stelle der früher geglaubten und gelehrten Irrthumsfreiheit der ganzen Kirche die Unfehlbarkeit eines Einzigen gesetzt werden, so ist das keine Entwicklung, keine Explication des vorher implicite Geglaubten, keine mit logischer Folgerichtigkeit sich ergebende Consequenz, sondern einfach das gerade Gegentheil der früheren Lehre, die damit auf den Kopf gestellt würde. Gerade wie es im politischen Leben keine Fortbildung oder Entwicklung, sondern einfach ein Umsturz, eine Revolution wäre, wenn ein bisher freies Gemeinwesen plötzlich unter das Joch eines absolut herrschenden Monarchen gebracht würde.

Die Zeit, in welcher ein ökumenisches Concil über den Glauben der Christen beräth, ist also stets eine Zeit der lebhaftesten Erweckung des religiösen Bewußtseins, eine Zeit der abzulegenden Zeugnisse und der offenen Erklärungen für alle treuen Söhne der Kirche, Geistliche wie Laien, gewesen. Man glaubte, wie die Geschichte der Kirche beweist, allgemein, daß man gerade durch solche Kundgebungen dem Concil seine Aufgabe erleichtere und nicht die Väter dadurch störe ober hemme. Zeugniß ablegen, Wünsche aussprechen, auf die Bedürfnisse der Kirche hinweisen, kann und darf jeder, auch der Laie.¹)

Ganz besonders wenn es sich um die Einführung eines neuen Dogma handelt, welches etwa, von einer Seite her gefordert, dem Bewußtsein der Gläubigen fremd ist und ihnen als eine Neuerung erscheint, dann ist der sich erhebende Protest der Laien ein ebenso gerechter als nothwendiger, ein unvermeidliches Zeugniß der Anhänglichkeit an den ihnen überlieferten Glauben, und sie erfüllen damit eine Pflicht gegen die Kirche.

Auf dem Concil selbst aber beweist der Widerspruch, den eine Anzahl der Bischöfe gegen eine als Dogma zu verkündende Meinung erhebt, daß in den von ihnen repräsentirten Theilkirchen diese Meinung nicht für wahr, nicht für göttlich geoffenbart gehalten worden ist und auch jetzt nicht dafür gehalten wird. Damit ist aber schon entschieden, daß dieser Lehre oder Meinung die drei wesentlichen Er-

---

¹) So sagt der Cardinal Reginald Pole, einer der Präsidenten des tridentinischen Concils, in seinem Buche De Concilio, 1562, fol. 11: Patet quidem locus omnibus et singulis exponendi, si quid vel sibi vel ecclesiae opus esse censeant; sed decernendi non omnibus patet, verum iis tantum, quibus rectionem animarum ipse unicus pastor et rector dedit. — Papst Nikolaus I. bemerkt, daß die Kaiser an den Concilien theilgenommen haben, wenn vom Glauben gehandelt worden sei. Ubinam legistis, imperatores antecessores vestros synodalibus conventibus interfuisse, nisi forsitan in quibus de fide tractatum est, quae universitatis est, quae omnium communis est, quae non solum ad clericos, verum etiam ad laicos et ad omnes omnino pertinent christianos? Diese Stelle fand auch in Gratian's Decret Aufnahme.

forderniſſe der Univerſalität, der Perpetuität und des Conſenſus abgehen, daß ſie alſo auch nicht der ganzen Kirche als göttliche Offenbarung aufgedrungen werden darf.

Darum hat man es in der Kirche ſtets für nothwendig erachtet, daß, ſobald eine nur einigermaßen beträchtliche Anzahl von Biſchöfen einem von der Mehrheit etwa vorgeſchlagenen oder beabſichtigten Decret widerſprach, dieſes Decret beiſeite gelegt ward, die Definition unterblieb. Die wahrhafte Katholicität einer Lehre ſoll evident und unzweifelhaft ſein; ſie iſt es aber nicht, ſobald das Zeugniß, wenn auch einer Minderzahl, den Beweis liefert, daß ganze Abtheilungen der Kirche dieſe Lehre nicht glauben und nicht bekennen.

Darum war bei jedem Concil die Hauptfrage: Sind die Glaubensdecrete von allen Mitgliedern genehmigt worden? So gleich auf dem erſten allgemeinen Concil zu Nicäa, wo unter 318 Biſchöfen zuletzt nur zwei ſich der Unterſchrift weigerten. Zu Chalcedon zögerte man ſo lange mit den Entſcheidungen, ließ ſich immer wieder auf neue Erörterungen ein, bis endlich alle Bedenken, welche beſonders die illyriſchen und die paläſtinenſiſchen Biſchöfe gegen das Schreiben Leo's anfänglich hegten, gehoben waren. Noch ehe Kaiſer Marcian die Synode entließ, drang er auf eine Erklärung: ob wirklich alle Biſchöfe (es waren über 600) der Glaubensdefinition zuſtimmten, was denn auch alle bereitwilligſt bejahten, und worauf Papſt Leo ſelbſt Gott dankte, daß ſein Schreiben „nach allen Zweifeln und Bedenken doch endlich durch die unwiderlegliche Zuſtimmung des geſammten Epiſkopats" beſtätigt worden ſei. So verſicherten auch auf dem ſechſten allgemeinen Concil die

Bischöfe auf die Frage des Kaisers: daß die dogmatische Entscheidung unter Zustimmung aller aufgestellt worden sei. Dasselbe geschah auf dem siebenten im Jahre 787. Und wiederum meldete Karl der Große von dem Concil zu Frankfurt 794 den spanischen Bischöfen: alles sei geschehen, quatenus sancta omnium unanimitas decerneret etc.

In Trient gab Papst Pius IV. den Legaten die Weisung, nichts entscheiden zu lassen, was nicht allen Vätern genehm sei. Einer der dort befindlichen Theologen, Payva de Anbraba, berichtet: mehrmals habe man ein Decret Wochen, Monate lang unentschieden gelassen, weil einige wenige Bischöfe widerstrebten oder Bedenken äußerten; erst dann, wenn endlich nach langen und sorgfältigen Berathungen Einstimmigkeit der Väter erzielt worden, habe man das Decret publicirt. Payva führt mehrere Beispiele davon an.[1]) Und Bossuet bemerkt über die Vorschrift Pius' IV.: dieß sei eine treffliche Regel, um das Wahre vom Zweifelhaften zu scheiden.

Alle Theologen machen es zur Bedingung der Oekumenicität eines Concils, daß völlige Freiheit auf demselben herrsche, Freiheit des Redens, Freiheit des Stimmens.

---

[1]) Defensio fidei Tridentinae, f. 17: Cum quindecim fere aut viginti dubitare se ajebant, ne vero quicquam praeter conciliorum vetustum morem concluderetur, horum paucorum dubitatio plurimorum impetum retardavit atque effecit, ut res in aliam sessionem dilata, omnium fere calculis tandem definiretur. Man vergl. dort das weitere. Man sieht, daß zu Trient die Ueberzeugung herrschte, es müsse alles in der Weise der alten Concilien behandelt und entschieden, — wenigstens die wesentliche Form derselben beibehalten werden.

Niemand, sagt Tournely, darf zurückgewiesen werden, der gehört werden will. Nicht bloß physischer Zwang würde die Beschlüsse eines Concils kraftlos uud werthlos machen. Die Freiheit, diese Lebensluft eines wahren Concils, wird auch durch die gar mannichfaltigen Formen, in denen moralischer Zwang eintritt oder der Mensch sich willig knechten läßt (z. B. durch die verschiedenen Arten der Simonie), zerstört und die Legitimität des Concils dadurch aufgehoben. Tournely nennt, als die auf Synoden wirksamen und die conciliarische Freiheit aufhebenden Leidenschaften, Furcht, Stellengier, Geldgeiz und Habsucht.¹)

Als der große Abfall zu Seleucia und Rimini gleichzeitig stattfand, als an sechshundert Bischöfe das gemeinsame Bekenntniß verläugneten und preisgaben, da war es „Geistesschwäche und Scheu vor einer mühseligen Reise" (partim imbecillitate ingenii, partim taedio peregrinationis evicti, *Sulp. Sever.* 2, 43), was sie überwand.

Die bloße Thatsache einer, wenn auch noch so zahlreichen bischöflichen Versammlung ist also noch lange kein Beweis der wirklichen Oekumenicität eines Concils; oder, wie die Theologen, z. B. Tournely, sich ausdrücken, es kann wohl ökumenisch der Berufung nach sein, ob es dieß aber auch dem Verlauf und Ausgang nach sei, barüber kann das Concil selbst nicht entscheiden, kann nicht selber sich Zeugniß geben; da muß erst die doch auch noch über jedem Concil stehende Autorität, oder das Zeugniß der ganzen Kirche, als entscheidend und bestätigend hinzutreten. Die Concilien als solche haben keine Verheißung; — auch

---

¹) De ecclesia I, 384.

und ihre theologische Bedeutung.

in den gewöhnlich angeführten Worten des Herrn von den „zwei oder drei" kommt eben alles auf das „in seinem Namen Versammeltsein" an, und dieß enthält, wie alle Theologen annehmen, mehrere Bedingungen, die z. B. Tournely aufführt.[1]) Aber die Kirche hat die Verheißungen, und sie muß erst sich überzeugen oder die Gewißheit besitzen, daß physischer oder moralischer Zwang, Furcht, Leidenschaften, Verführungskünste — Dinge wie sie zu Rimini und noch gar oft gewirkt haben — nicht auf dem Concil übermächtig geworden sind, daß also die wahre Freiheit dort geherrscht habe. In diesem Sinn sagt Bossuet von einem ökumenischen Concil: der Bischöfe auf demselben müßten so viele und aus so verschiedenen Ländern, und die Zustimmung der übrigen so evident sein, daß man klar

---

[1]) Quaeres: quibus conditionibus promisit Christus so conciliis adfuturum? Resp. Ista generali: si in nomine suo congregata fuerint; hoc est servata suffragiorum libertate, invocato coelesti auxilio, adhibita humana industria et diligentia in conquirenda veritate. — — Deus scilicet, qui omnia suaviter disponit ac moderatur, via supernaturali aperta et manifesta non adest conciliis, sed occulta Spiritus subministratione. (Deus) permittit, episcopos omnibus humanae infirmitatis periculis subjacere et aliquando succumberre; neque enim unquam promisit, se a conciliis ejusmodi pericula certo semper propulsaturum, sed hoc unum, se iis semper adfuturum, qui in suo nomine congregarentur. Congregari autem in suo nomine censentur, quoties eas observant leges et conditiones, quas voluit observari. Tournely, Praelectiones theologicae de Deo et divinis attributis, I, 165. Tournely führt denselben Gedanken in seinen Praelectiones theologicae de ecclesia Christi, I, 384 noch weiter aus: (Deus) episcopos permittit omnibus humanae infirmitatis periculis obnoxios esse, metus scilicet, ambitionis, avaritiae, cupiditatis etc.

sehe, es sei nichts anderes da geschehen, als daß die Ansicht der ganzen Welt zusammengetragen worden.¹)

Sollte sich also zeigen, daß auf dem Concil keineswegs „die Ansicht der ganzen katholischen Welt zusammengetragen" worden, daß vielmehr Mehrheitsbeschlüsse gefaßt worden seien, welche mit dem Glauben eines beträchtlichen Theiles der Kirche im Widerspruch stehen, dann würden gewiß in der katholischen Welt die Fragen aufgeworfen werden: Haben unsere Bischöfe richtig Zeugniß gegeben von dem Glauben ihrer Diöcesen? und wenn nicht, sind sie wahrhaft frei gewesen? oder wie kommt es, daß ihr Zeugniß nicht beachtet worden ist? daß sie majorisirt worden sind? Von den Antworten, die auf diese Fragen ertheilt werden, werden dann die ferneren Ereignisse in der Kirche bedingt sein. Und darum ist auch in der ganzen Kirche die vollste Publicität stets als zu einem Concil gehörig gewährt worden;

---

¹) Et que les autres consentent si évidemment à leur assemblée, qu'il sera clair, qu'on n'y ait fait qu'apporter le sentiment de toute la terre. (Histoire des variations, I, 15, n. 1000.) Und darum fordert der Papst Gelasius zu einer bene gesta synodus nicht nur, daß sie nach Schrift und Tradition und nach den kirchlichen Regeln ihre Entscheidungen gefaßt habe, sondern auch, daß sie von der ganzen Kirche angenommen sei: quam cuncta recepit ecclesia (Epist. 13 bei Labbé Concil. IV, 1200 und 1203). Und Nicole bemerkt gegen die Calvinisten: Ils ont une marque évidente que le concile, qui se dit universel, doit être reçu pour tel, dans l'acceptation qu'en fait l'Église. (Prétendus Réformés convaincus de schisme. 2, 7. p. 289.) Die Kirche gibt den Concilien Zeugniß (nicht erst Autorität), sowie sie durch ihren biblischen Canon den einzelnen Büchern der Bibel Zeugniß gibt, während natürlich die innere Autorität derselben nicht von der Kirche ausfließt. Sie ist auch da testis, non auctor fidei.

denn es liegt der gesammten christlichen Welt höchlich daran, nicht nur zu wissen, daß etwas dort beschlossen wird, sondern auch zu wissen, wie es beschlossen wird. An diesem Wie hängt zuletzt alles, wie die denkwürdigen Jahre 359, 449, 754 u. s. w. beweisen. Auf das Concil von Trient hätte man sich bezüglich des zwangsweise auferlegten Schweigens nicht berufen sollen; denn erstens wurde dort bloß eine Mahnung gegeben, und zweitens betraf die Erinnerung nur die Bekanntmachung von Entwürfen, welche, was heutzutage bei dem Stand der Presse nicht mehr möglich wäre, damals in der Ferne mit wirklichen Decreten verwechselt wurden.

4.

Erzbischof Gregorius von Scherr von München und Freising an die Münchener theologische Facultät.

20. Oktober 1870.[1)]

Hochwürdige theologische Facultät!

Nur dem Gebote meiner bischöflichen Amtspflicht folge ich, wenn ich gegenwärtige Zuschrift an die theologische Facultät der Ludwigs-Maximilians-Universität richte, um, so viel an mir liegt, die ängstigenden Zweifel und die bange Unruhe zu beseitigen, welche in weitesten Kreisen bezüglich der Stellung herrschen, die die genannte theologische Facultät zu dem allgemeinen Vaticanischen Concile und dessen bisherigen Beschlüssen einzunehmen gedenkt.

Wodurch diese Zweifel und diese Unruhe entstanden sind, dieß auseinanderzusetzen ist auf der einen Seite nicht nöthig, weil die hierauf bezüglichen Vorgänge ja allenthalben bekannt und darum gewiß auch der theologischen Facultät selbst nicht verborgen sind; auf der anderen Seite aber wäre es für mich, der ich von Anbeginn meiner bischöflichen Amtsführung bis hieher dieser ehrwürdigen Körper-

---

[1)] Die Nrn. 4 bis 14 sind aus „Aktenstücke des Ordinariates des Erzbisthums München und Freising, betreffend das allgemeine Vaticanische Concil, Regensburg 1871," hier wieder abgedruckt.

schaft mit besonderer Verehrung, Werthschätzung und Liebe zugethan war, wie dieß ihr selbst bekannt ist, allzu schmerzlich.

Indem ich also Vergangenes gerne auf sich beruhen lasse, darf ich es aber von jetzt an nicht mehr zugeben, daß über den dogmatischen Standpunkt auch nur eines ihrer Mitglieder ein begründeter Zweifel obwalte.

Da Sie einer dogmatischen Belehrung meinerseits wahrlich nicht bedürfen, so bemerke ich hier nur folgendes. Die bisherigen Beschlüsse des allgemeinen Vaticanischen Concils sind unter allen jenen Förmlichkeiten gefaßt worden, welche zu ihrer Gültigkeit nothwendig sind. Dieß bezeugen die Bischöfe der sogenannten Minorität ebenso wie alle übrigen. In der That hat bisher auch nicht ein einziger katholischer Bischof sich öffentlich gegen die Rechtmäßigkeit der gefaßten Beschlüsse erhoben. Im Gegentheile haben weitaus die meisten ihre Unterwerfung unter dieselben in irgend einer Weise unzweideutig kundgethan.

Ich selbst habe während der Berathungen meine nach reiflicher Erwägung gewonnene Ueberzeugung mit aller Entschiedenheit ausgesprochen; ich habe aber dabei nie im Sinne gehabt, diese meine Ueberzeugung auch dann noch festzuhalten, wenn die Entscheidung anders ausfallen sollte. Nachdem ich so meine erste Pflicht erfüllt hatte, habe ich keinen Augenblick gezögert, mich den rechtmäßig gefaßten Beschlüssen unbedingt zu unterwerfen. Von Ihnen, hochwürdige Herren, werde ich da, wo es sich um ein Princip des katholischen Glaubens handelt, gewiß nicht den gedankenlosen Vorwurf des Gesinnungswechsels fürchten dürfen.

Nachdem also jetzt die Lage der Dinge unwidersprechlich klar ist, kann es mir unmöglich gleichgültig sein, wie sich die ehrwürdige theologische Facultät und ihre einzelnen Mitglieder zu derselben verhalten. Wenn ich auch gerne jedem anderen Zeit gönne, den schweren inneren Kampf, den ihn vielleicht die Auseinandersetzung zwischen seiner bisherigen Anschauung und den feierlichen Aussprüchen der lehrenden Kirche kostet, auszukämpfen, so ist dieß bei öffentlichen Lehrern der Theologie, welche in den nächsten Tagen ihre Lehrstühle wieder betreten werden, nicht länger möglich. Ich kann unmöglich stillschweigend es gestatten, daß in meiner Erzbiöcese von irgend Jemand die heilige Wissenschaft gelehrt werde, von dem ich nicht sicher bin, daß er ausnahmslos und rückhaltslos das lehrt, was die katholische Kirche ausdrücklich zu glauben vorgestellt hat. Ich kann unmöglich zulassen, daß meine Priesterthums=Candidaten in Gefahr schweben, anders unterrichtet zu werden, als die katholische Kirche sie unterrichtet wissen will. Ich kann es endlich, um Ihnen die ganze Wahrheit zu sagen, nicht ertragen, daß die ehrwürdige theologische Facultät, die Perle meiner Erzbiöcese, ihre ruhmreiche Geschichte und die entschiedenen und großen Verdienste vieler ihrer gegenwärtigen Mitglieder durch eine unberechtigte und unfruchtbare Sonderstellung in der Kirche beflecke.

Darum bitte ich Sie, hochwürdige Herren, voll der väterlichen Liebe, daß Sie unter Anrufung des göttlichen Beistandes in gemeinsamer Berathung Ihre Pflichten gegenüber den Aussprüchen des allgemeinen Vaticanischen Concils erwägen und sich einhellig mir gegenüber klar und deutlich aussprechen möchten, wie Sie denselben gerecht werden wollen.

an die Münchener theologische Facultät.

Ich muß dabei schließlich Ihnen nachstehendes noch zu erwägen geben.

Es ist Ihnen wohlbekannt, daß ich bisher allezeit treu zu Ihnen gestanden und gegenüber mancherlei Anfechtungen meine Theologie-Professoren stets mit dem Schilde meines oberhirtlichen Ansehens geschützt, dabei auch die Beispiele anderer Bischöfe Ihnen gegenüber nicht nachgeahmt habe. Es ist Ihnen vielleicht weniger bekannt, daß ich im abgewichenen Sommer in einer Unterredung mit dem heiligen Vater selbst Sie eifrig und standhaft vertreten und vertheidigt habe. Unter ganz veränderten Verhältnissen wäre ich dasselbe zu thun vielleicht nicht wieder im Stande. Mögen Sie mich darum vor einem Schmerze bewahren, der unbedingt der größte während meiner bisherigen bischöflichen Amtsführung sein würde, nämlich gegen Sie den Ernst meiner oberhirtlichen Amtspflicht in Anwendung bringen zu müssen.

Mit väterlicher Liebe, aufrichtiger Hochachtung und herzlicher Ergebenheit

München den 20. October 1870

Gregorius,
Erzbischof von München und Freising.

5.
Erzbischof von Scherr an Döllinger.
4. Januar 1871.

Hochwürdiger Herr Stiftspropst!

Mit dem größten Schmerze habe ich unter den Mitgliedern der hiesigen theologischen Facultät, welche am 29. November v. J. meine auch Eurer Hochwürden wohl bekannte Zuschrift vom 20. October v. J. in befriedigender Weise beantworteten, den Namen des ehrwürdigen Seniors dieser Facultät vermißt.

Seitdem ist wieder eine geraume Zeit verstrichen, während welcher ich vergeblich eine mir gewiß, wie mir scheint, auch von Ihnen gebührende Antwort und Erklärung über Ihre Stellung zum ökumenischen Vaticanischen Concil und seinen bisherigen Beschlüssen erwartete.

So sehe ich mich denn jetzt nach langem Zögern, dessen Bedeutsamkeit Ew. Hochwürden selbst zu würdigen wissen werden, endlich genöthigt, Sie zu einer offenen Aussprache hierüber zu veranlassen und förmlich aufzufordern.

Wohl kann ich ahnen, was Ihnen eine unumwundene Kundgebung über Ihren Standpunkt zur fraglichen Angelegenheit so sehr erschwert.

Ihre ruhmreiche Vergangenheit, die Sie mit großen Verdiensten für die katholische Wissenschaft, für den Nachwuchs des katholischen Klerus, für die Vertretung der katholischen Kirche im öffentlichen Leben ausgefüllt, sträubt sich mit Macht gegen einen Bruch mit der Kirche, der Ihr ganzes bisheriges Leben gehörte.

Auf der anderen Seite scheinen Sie jener Richtung, welche die bekannten Agitationen gegen das Concil in Deutschland vor und während der Berathungen desselben in Scene setzte und dabei stets, ob mit Recht oder Unrecht, sich auf Ihren Namen stützte, derartige Zugeständnisse gemacht zu haben, daß es Ihnen nunmehr schweren Kampf kostet, sich von derselben loszusagen.

Und dennoch sollte man meinen, es wäre für Sie leichter, sich von Ihren Genossen jüngsten Datums zu trennen, als mit der langen Periode Ihres Lebens, die so gerechten Ruhm an Ihren Namen geheftet, und zugleich mit der katholischen Kirche zu brechen.

Werfen Sie doch, ich bitte Sie, einen Blick auf die täglichen literarischen Ergüsse jener Richtung, die das Dogma von der Untrüglichkeit des höchsten kirchlichen Lehramtes hinterlistig benützt, um die katholische Kirche selbst in der öffentlichen Meinung herabzusetzen, und welche, freilich gewiß mit Unrecht, ohne Aufhören sich auf Ihre Autorität beruft, und richten Sie dann an sich selbst die Frage: In welche Gesellschaft bin ich gerathen?

Halten Sie dann Rückschau über das ganze große Gebiet der Kirchengeschichte, ob Sie nur Einen entdecken, der sich vom heiligen römischen Stuhle, der cathedra Petri, losreißen konnte, ohne zugleich von der Einheit der katholischen Kirche abzufallen?

Betrachten Sie ferner in ernstem Nachdenken den schließlichen Ausgang aller jener, die im Widerstand gegen die heilige Kirche verharrten.

Führen Sie sich endlich die schwere Verantwortung zu Gemüthe, die Sie auch für alle jene werden vor dem Richterstuhle Gottes abzulegen haben, welche durch Ihr Beispiel sich noch länger in ihrer Absonderung werden festhalten lassen.

Wenn ich Sie auch noch bitte, dem väterlichen Herzen Ihres Oberhirten all den Kummer zu nehmen, der es schon gegenwärtig Ihretwegen peinigt und jetzt entweder enden oder in's Unerträgliche anwachsen muß, so werden Sie diesen Appell an Ihr katholisches Herz meiner Liebe für Sie zuschreiben müssen.

Die Verehrung, die ich von jeher für Sie hegte, hat sich mit dem Antritte meines oberhirtlichen Amtes, das Sie mir als einen besonders kostbaren Schatz zubrachte, zu einer inneren Anhänglichkeit umgebildet. Ich kann es in Wahrheit versichern, und Sie haben Beweise dafür empfangen, ich erachtete Sie nicht als meinen Sohn, sondern als meinen Freund und Bruder.

Ich bitte deshalb und beschwöre Sie, hören Sie auf dazu zu helfen, daß die Einheit und Einmüthigkeit unter den Gliedern der Einen Kirche noch länger Schaden leide und lösen Sie in heroischem Entschlusse durch ein offenes kirchliches Bekenntniß den Bann, der bis zur Stunde noch manchen ehrlichen Katholiken fesselt.

Noch ist es mir unmöglich, zu glauben, daß Sie,

statt meinem oberhirtlichen Herzen diese Freude zu bereiten, die oberhirtliche Gewalt herausfordern werden, die aber ganz gewiß ihre unveräußerlichen Rechte üben muß und üben wird, wenn die hoffnungsvolle Geduld sich endlich sollte getäuscht sehen müssen.

In aufrichtiger Hochachtung und Verehrung
Euer Hochwürden
München den 4. Januar 1871.

ergebenster
† Gregorius,
Erzbischof von München-Freising.

6.
Döllinger an Erzbischof von Scherr.
29. Januar 1871.

Eure Excellenz!

Die Aufforderung, welche Hochdieselben an mich gerichtet haben, daß ich meine Unterwerfung unter die am 18. Juli zu Rom verkündeten Glaubensdecrete erklären solle, konnte mich nicht überraschen. Ich mußte nach dem Entschlusse, den Ew. Excellenz zu Fulda in Verbindung mit anderen Bischöfen gefaßt haben, darauf vorbereitet sein.

Nun wäre aber für mich eine einfache und unmotivirte Zustimmungs- oder Unterwerfungs-Erklärung schon darum nicht thunlich, weil ich seit Anfang der Vaticanischen Synode öffentlich und wiederholt die entgegengesetzte Lehre behauptet und mit vielen Gründen belegt habe.

Ich müßte also zugleich — dieß wäre der einzige für mich offene Weg — mich selber widerlegen und öffentlich den Beweis führen, daß die Lehre, welche ich sowohl früher als ganz besonders in der jüngsten Zeit vorgetragen, eine falsche und verkehrte Lehre sei. Thäte ich dieß nicht, so würde in der That kein Mensch, Niemand wenigstens, der etwas von meinen Schriften und öffentlichen Erklärungen weiß, an die Aufrichtigkeit meiner Unterwerfung glauben. Die ganze Welt, in der Nähe wie in der Ferne, einige

Nonnen etwa ausgenommen, würde mich brandmarken als
einen argen, gewissenlosen Heuchler, welcher aus Furcht und
Standesinteresse seine Ueberzeugung verläugne.

In dem Bewußtsein der peinlichen Lage, in welche
ich versetzt bin, und der schweren auf mir lastenden Ver=
antwortlichkeit, habe ich denn auch seit einigen Wochen be=
gonnen, die große Frage von Natur und Umfang der
päpstlichen Autorität und ihrem Verhältnisse zur Kirche zum
Gegenstand eines erneuten Studiums und einer möglichst
sorgfältigen und einbringenden Forschung zu machen. Ich
lese und prüfe alles, was von römischer Seite und zur
Vertheidigung der Decrete und der darin enthaltenen Lehre,
theils in Italien, theils in Frankreich, England und Deutsch=
land, in jüngster Zeit erschienen ist, soweit es für mich er=
reichbar ist. Wenn es mir gelingt, die Ueberzeugung zu
gewinnen, daß diese Lehre die wahre, die durch Schrift
und Tradition verbürgte sei, und daß ich, der ich bisher
mit der großen Mehrzahl der deutschen Theologen das
Gegentheil glaubte, mich im Irrthum befunden, dann werde
ich nicht anstehen, dieß ohne Rückhalt und ohne Beschönig=
ungsversuch vor der Welt zu bekennen; ich werde dann,
insoferne mir Gott noch so viel Leben und Geisteskraft
übrig läßt, noch weiter gehen: — ich werde bemüht sein,
den Schaden, welchen ich seit 47 Jahren durch meine im
entgegengesetzten Sinne geschriebenen Bücher und gehaltenen
Vorträge der Kirche zugefügt haben würde, dadurch einiger=
maßen gut zu machen, daß ich mich selber widerlege und
meine Fehler und unrichtigen Ansichten aufdecke. Ich weiß
sehr wohl, daß der Priester bereit sein muß, der Kirche
auch dieses höchste und schwerste Opfer zu bringen, das

Opfer seines guten Rufes und der Ehre vor seinen Mitmenschen. Aber doch nur unter der einen Bedingung: daß er nämlich auch wirklich von der Wahrheit dessen, was er neu bekennen soll, und der Falschheit dessen, was er bisher gelehrt hat, überzeugt sei. Denn ohne diese Ueberzeugung wäre ja eine derartige Unterwerfung eine schwere Sünde, eine grobe Lüge, und daß Ew. Excellenz durch Ihre Aufforderung mich nicht zu einer solchen drängen wollen, dessen bin ich gewiß. Ihre Aufforderung kann nur den Sinn haben: „gib dir alle Mühe und thue, was du nur immer kannst, um dir dieselbe Ueberzeugung zu verschaffen, welche jetzt die meinige ist." Das thue ich denn auch nach bestem Gewissen; ich rufe Gott um Erleuchtung an, ich forsche und prüfe, so gut ich es verstehe; aber bei der Größe des Gegenstandes und des zu durchforschenden Materials ist dieß eine Aufgabe, zu welcher eine längere Zeitfrist erforderlich ist, und ich bitte daher, mir dieselbe zu gewähren und noch einstweilen Geduld mit dem alten Manne zu haben.

Noch erübrigt mir, meinen Dank auszusprechen für den freundlichen und humanen Ton, in welchem der größere Theil des Schreibens gehalten ist. Der Schluß freilich ist hart und drohend; doch — ich kenne die Personen und Einflüsse in dieser Sache, und ich habe es nicht anders erwartet.

In größter Verehrung verharre ich

Ew. Excellenz

München den 29. Januar 1871.

gehorsamster

J. v. Döllinger.

7.
Erzbischof von Scherr an Döllinger.
14. Februar 1871.

Hochwürdiger Herr Stiftspropst!

Zu meinem größten Bedauern wurde mir in Ihrer geehrten Zuschrift vom 29. vor. Mts. nicht jene befriedigende Erklärung über Ihre Stellung zum allgemeinen Vaticanischen Concile und zu seinen bisherigen Beschlüssen, welche ich mit Zuversicht erwartete und meiner oberhirtlichen Pflicht gemäß fordern muß. Ich sehe mich deswegen veranlaßt, Ihnen zu eröffnen, daß ich bis zum 15. März dieses Jahres schließlichen Erklärungen entgegen sehe und von diesem Datum an die mir von meinem Oberhirtenamte gebotenen weiteren Schritte zu thun definitiv beschlossen habe.

Indem ich mich noch immer der Erwartung hingebe, es werde mir die Nothwendigkeit jeder unliebsamen Maßnahme erspart bleiben, geharre ich mit vollkommenster Hochachtung

Eurer Hochwürden

München den 14. Februar 1871.

ergebenster

† Gregorius,
Erzbischof von München-Freising.

8.
Döllinger an Erzbischof von Scherr.
14. März 1871.

Eure Excellenz!

Der Termin, welchen Hochdieselben mir bezüglich einer Erklärung über die Vaticanischen Decrete gestellt haben, läuft mit dem morgigen Tage ab. Ich sehe mich indeß genöthigt, die Bitte zu stellen, Ew. Excellenz möchten die Güte haben, mir die Frist noch um etwa zwölf oder vierzehn Tage zu verlängern. Es sind in den letzten Wochen so viele Zuschriften aus Nähe und Ferne, so viele Rathschläge, Warnungen, bringende Vorstellungen an mich gelangt, Hohe und Niedere haben in so entgegengesetztem Sinne mir zugeredet, daß ich wirklich einiger Ruhe und Sammlung bedarf, um das mit voller Klarheit und mit Ueberlegung aller Folgen zu thun, was Ew.' Excellenz von mir fordern.

Die Angabe, welche sogenannte katholische Blätter in diesen Tagen gebracht haben, daß ich in der Angelegenheit des Pfarrers von Mering ein von mir verlangtes Gutachten abgegeben hätte, ist eine reine Erfindung. Niemand hat ein solches Gutachten von mir begehrt, und ich habe nicht einmal Gelegenheit gehabt, an maßgebender Stelle eine Meinung über diese Sache zu äußern. Ew. Excellenz würden dieß leicht von dem betreffenden Referenten im Ministerium bestätigt hören können.

Mit größter Verehrung verharre ich
   Ew. Excellenz
München den 14. März 1871.
        gehorsamster
        J. v. Döllinger.

9.
Erzbischof von Scherr an Döllinger.
17. März 1871.

Hochwürdiger Herr Stiftspropst!

Indem ich in Folge Ihrer geehrten Zuschrift vom 14. praes. 16. b. M. die mit dem 15. b. M. abgelaufene Frist bis zum 31. b. M. verlängere, muß ich die Bemerkung anfügen, daß ich nach diesem Termine eine weitere Verlängerung zu gewähren nicht mehr in der Lage sein werde.

Indessen fahre ich fort, Gott den Herrn inständigst zu bitten, daß er Ihre Entschließungen leiten möge, und beharre mit vollkommenster Hochachtung

Eueren Hochwürden

München den 17. März 1871.

ergebenster
† Gregorius,
Erzbischof von München=Freising.

10.
Döllinger an Erzbischof von Scherr.
28. März 1871.[1])

Eure Excellenz

haben mich in zwei Schreiben aufgefordert, mich über meine Stellung zu den von Ihnen verkündeten römischen Beschlüssen vom 18. Juli 1870 zu erklären.

Aus dem Kreise Ihres Domkapitels verlautet, daß Sie gesonnen seien, mit Straf= und Zwangsmitteln gegen mich vorzugehen, wie sie sonst nur gegen solche Priester,

---

[1]) In einem Briefe vom 20. März 1871 sagt Döllinger: „Wir müssen uns wechselseitig stärken und erfrischen, um den von uns nicht gesuchten, uns aufgedrungenen Kampf beharrlich zu be= stehen und das Depositum der Wahrheit für kommende Generationen aufzubewahren. Wenn wir auch das Schauspiel der Unterwerfung aufführten, müßte die Welt glauben, daß der Wahrheitssinn im katholischen Klerus völlig ausgestorben, das Priesterthum nur noch ein Gewerbe sei. Der moralische Bankerott des Klerus in der öffent= lichen Meinung ist ohnedieß fait accompli. — Der Kampf wird noch eine Menge neuer, das heißt bisher nicht beachteter, nicht gekannter Thatsachen an's Licht ziehen, und ich werde mein Scherflein dazu beitragen. Zunächst wird mein Sendschreiben an den hiesigen Erz= bischof gedruckt erscheinen."

welche sich grober sittlicher Vergehen schuldig gemacht haben, und auch gegen diese nur in sehr seltenen Fällen, angewendet werden. Es soll dieß geschehen, wenn ich nicht in bestimmter Frist meine Unterwerfung unter die beiden neuen Glaubens=artikel von der Allgewalt und Unfehlbarkeit des Papstes erkläre.

Zugleich wird versichert, daß in naher Zeit wieder eine Zusammenkunft und Berathung deutscher Bischöfe zu Fulda stattfinden werde.

Als im Jahre 1848 eine Versammlung aller deutschen Bischöfe zu Würzburg gehalten wurde, erwies man mir die Ehre, mich zu derselben einzuladen, und nahm ich an den dort gepflogenen Verhandlungen Theil. Vielleicht könnten nun Eure Excellenz veranlassen, daß auch auf dieser bevor=stehenden Versammlung mir, nicht etwa eine Theilnahme an den Berathungen, sondern nur ein geneigtes Gehör für wenige Stunden bewilligt würde.

Ich bin nämlich erbötig, vor der hohen Versamm=lung folgende Sätze zu erweisen, welche für die gegenwärtige Lage der deutschen Kirche und für meine persönliche Stellung von entscheidender Wichtigkeit sein dürften.

Erstens: Die neuen Glaubensdecrete stützen sich zur Begründung aus der heiligen Schrift auf die Stellen Matth. 16, 18; Joh. 21, 17 und, was die Unfehlbarkeit be=trifft, auf die Stelle Lucas 22, 32, mit welcher dieselbe, biblisch angesehen, steht und fällt. Wir sind nun aber durch einen feierlichen Eid, welchen ich zweimal geleistet habe, verpflichtet, die heilige Schrift „nicht anders als nach dem einstimmigen Consensus der Väter anzunehmen" und auszu=legen." Die Kirchenväter haben alle, ohne Ausnahme, die

fraglichen Stellen in einem von dem neuen Decrete völlig
verschiedenen Sinne ausgelegt, und namentlich in der Stelle
Lukas 22, 32 nichts weniger als eine allen Päpsten ver=
liehene Unfehlbarkeit gefunden. Demnach würde ich, wenn
ich mit den Decreten diese Deutung, ohne welche dieselben
des biblischen Fundaments entbehren, annehmen wollte, einen
Eidbruch begehen. Dieß vor den versammelten Bischöfen
darzuthun, bin ich, wie gesagt, bereit.

Zweitens: In mehreren bischöflichen Hirtenbriefen und
Kundgebungen aus der jüngsten Zeit wird die Behauptung
entwickelt oder der geschichtliche Nachweis versucht, daß die
neue, zu Rom verkündigte Lehre von der päpstlichen All=
gewalt über jeden einzelnen Christen und von der päpst=
lichen Unfehlbarkeit in Glaubensentscheidungen in der Kirche
von Anbeginn an durch alle Jahrhunderte hindurch und
immer allgemein, oder doch beinahe allgemein, geglaubt und
gelehrt worden sei. Diese Behauptung beruht, wie ich nach=
zuweisen bereit bin, auf einer vollständigen Verkennung der
kirchlichen Ueberlieferung im ersten Jahrtausend der Kirche
und einer Entstellung ihrer Geschichte; sie steht im Wider=
spruche mit den klarsten Thatsachen und Zeugnissen.

Drittens: Ich erbiete mich ferner, den Beweis zu
führen, daß die Bischöfe der romanischen Länder, Spanien,
Italien, Südamerika, Frankreich, welche in Rom die immense
Mehrheit gebildet haben, nebst ihrem Klerus, schon durch
die Lehrbücher, aus welchen sie zur Zeit ihrer Seminar=
bildung ihre Kenntnisse geschöpft haben, bezüglich der Ma=
terie von der päpstlichen Gewalt irre geführt worden waren,
da die in diesen Büchern angeführten Beweisstellen großen=
theils falsch, erdichtet oder entstellt sind. Ich will dieß

nachweisen einmal an den beiden Hauptwerken und Lieblingsbüchern der heutigen theologischen Schulen und Seminarien, der Moraltheologie des Sanct Alfons Liguori, speciell dem darin befindlichen Tractate vom Papste, und der Theologie des Jesuiten Perrone, dann auch an den zur Zeit des Concils in Rom ausgetheilten Schriften des Erzbischofs Carboni und des Bischofs Ghilardi, sowie endlich an der Theologie des Wiener Theologen Schwetz.

Viertens: Ich berufe mich auf die Thatsache, und erbiete mich sie öffentlich zu beweisen, daß zwei allgemeine Concilien und mehrere Päpste bereits im 15. Jahrhundert durch feierliche, von den Concilien verkündigte, von den Päpsten wiederholt bestätigte Decrete die Frage von dem Machtumfange des Papstes und von seiner Unfehlbarkeit entschieden haben, und daß die Decrete vom 18. Juli 1870 im grellen Widerspruche mit diesen Beschlüssen stehen, also unmöglich verbindlich sein können.

Fünftens endlich glaube ich auch beweisen zu können, daß die neuen Decrete schlechthin unvereinbar sind mit den Verfassungen der europäischen Staaten, insbesondere mit der bayerischen Verfassung, und daß ich schon durch den Eid auf diese Verfassung, welchen ich erst neuerlich wieder, bei meinem Eintritt in die Kammer der Reichsräthe, geschworen habe, mich in der Unmöglichkeit befinde, die neuen Decrete, und in deren nothwendiger Folge die Bullen Unam Sanctam und Cum ex apostolatus officio, den Syllabus Pius' IX. und so viele andere päpstliche Aussprüche und Gesetze, die nun als unfehlbare Entscheidungen gelten sollen und im unauflöslichen Conflict mit den Staatsgesetzen stehen, anzunehmen. Ich berufe mich in dieser Beziehung auf das

Gutachten der juristischen Facultät in München, und erbiete mich zugleich, es auf den Wahrspruch jeder deutschen Juristenfacultät, welche etwa Eure Excellenz mir bezeichnen würde, ankommen zu lassen.

Für die von mir vorgeschlagene oder vielmehr erbetene Conferenz stelle ich nur zwei Bedingungen: die erste, daß meine Angaben mit den etwaigen Gegenreden zu Protokoll genommen und die Veröffentlichung desselben nachher gestattet werde; die zweite, daß einem wissenschaftlich gebildeten Manne meiner Wahl bei der Conferenz zugegen zu sein erlaubt werde.

Sollte dieß in Fulda und vor den deutschen Bischöfen nicht erreichbar sein, so erlaube ich mir ehrerbietigst, eine andere Bitte vorzutragen. Geruhen Eure Excellenz aus Mitgliedern Ihres Domcapitels eine Commission zu bilden, vor welcher ich meine Sache in der eben bezeichneten Weise zu führen vermöchte. Mehrere dieser hochwürdigen Herren sind Doctoren und waren früher Professoren der Theologie, zugleich auch ehedem meine Schüler. Ich darf hoffen, daß es ihnen immerhin angenehmer sein wird, in einer ruhigen Besprechung mit mir zu verkehren, mich wenn möglich mit Gründen und Thatsachen zu widerlegen, als vom Richterstuhl herab geistliche Criminal=Sentenzen gegen mich zu entwerfen und sie dann Eurer Excellenz zur Fulminirung, wie man sagt, zu unterbreiten. Wollen Eure Excellenz selbst bei der Conferenz den Vorsitz führen und sich herablassen, mich bezüglich meiner etwaigen Irrthümer in Anführung und Auslegung von Zeugnissen und Thatsachen zurechtzuweisen, so würde ich mir dieß zu hoher Ehre rechnen, und könnte die Sache der Wahrheit dabei nur

gewinnen. Und wenn Sie die Anwendung Ihrer oberhirt=
lichen Gewalt an mir in Aussicht stellen, so darf ich mich
doch wohl der Hoffnung hingeben, daß es das schönste,
edelste und wohlthätigste, das am meisten Christus ähnliche
Attribut dieser Gewalt sei, nämlich das Lehramt, welches
Sie zunächst an mir zu üben vorziehen würden. Werde
ich mit Zeugnissen und Thatsachen überführt, so verpflichte
ich mich hiemit, öffentlichen Widerruf zu leisten, alles, was
ich über diese Sache geschrieben, zurückzunehmen und mich
selber zu widerlegen. Für die Kirche und den Geisterfrieden
könnten die Folgen in jedem Falle nur erwünscht sein.
Denn es handelt sich hiebei nicht bloß um meine Person:
Tausende im Klerus, hunderttausende in der Laienwelt denken
wie ich, und halten die neuen Glaubensartikel für unan=
nehmbar. Bis heute hat noch kein einziger, selbst von
denen, welche eine Unterwerfungs=Erklärung ausgestellt haben,
mir gesagt, daß er wirklich von der Wahrheit dieser Sätze
überzeugt sei. Alle meine Freunde und Bekannten bestätigen
mir, daß sie die gleiche Erfahrung machen. „Kein Ein=
ziger glaubt daran", höre ich von Tag zu Tag aus jedem
Munde. Eine Conferenz, wie die von mir vorgeschlagene,
und die Veröffentlichung des Protokolls wird daher jeden=
falls eine von Unzähligen ersehnte höhere Klarheit gewähren.

Vielleicht werden Eure Excellenz mich auf den unter
Ihrem Namen vor kurzem erschienenen Hirtenbrief als auf
eine Quelle verweisen, aus der ich hinreichende Belehrung und
Berichtigung meiner Meinung schöpfen könnte. Aber ich muß
bekennen, daß er gerade die entgegengesetzte Wirkung auf
mich hervorgebracht hat, und ich mache mich anheischig,
den Nachweis zu liefern, daß hier eine lange Reihe von

mißverstandenen, entstellten, verstümmelten oder erdichteten Zeugnissen vorliegt, welche, zusammen mit der Verschweigung gewichtiger Thatsachen und entgegengesetzter Zeugnisse, ein der wirklichen Ueberlieferung völlig unähnliches Bild entwirft. Gewiß hat derjenige, den Eure Excellenz mit dieser Aufgabe betraut haben, die Fälschungen nicht selber ersonnen, sondern sie aus gutem Glauben von anderen (von Carboni u. a.) entlehnt; sollte er jedoch gesonnen sein, seine Arbeit in der vorgeschlagenen Conferenz zu vertheidigen, so würde er mich bereit finden, binnen wenigen Stunden entweder meine Behauptung zu erhärten oder, falls mir dieß nicht gelänge, ihm öffentliche Ehrenerklärung zu leisten. Nur die eine Bedingung glaube ich bei der Tragweite der Sache stellen zu sollen, daß die k. Staatsregierung ersucht werde, einen in geschichtlichen und kirchenrechtlichen Materien bewanderten Staatsbeamten als Zeugen der Conferenz beiwohnen zu lassen. Da die Sache auch für alle Regierungen von hoher Bedeutung ist, so darf wohl angenommen werden, daß dieß staatlicherseits nicht werde verweigert werden.

Es fehlt in vergangenen Zeiten der Kirche nicht an Thatsachen, welche zeigen, daß mein Vorschlag den Principien wie der Praxis der Kirche entspricht. So wurde im Jahre 411 eine Conferenz von 286 katholischen und 279 donatistischen Bischöfen in drei Sitzungen unter dem Vorsitze des kaiserlichen Staatsbeamten Marcellinus gehalten und die streitige Lehre von der Kirche durchgesprochen, worauf der letztere zu Gunsten der katholischen Bischöfe sich entschied. Im Jahre 1433 erschienen böhmische Calixtiner auf dem Concil zu Basel; ein schon 18 Jahre vorher auf der Constanzer Synode erlassenes Decret über die Communion unter Einer Gestalt ward nun einer neuen Besprechung und Prüfung unterzogen, und die Folge waren die auch von dem päpstlichen Stuhle anerkannten Compactaten, welche den Böhmen ein sehr wichtiges und tiefgreifendes, dem älteren Beschlusse derogirendes Zugeständniß machen. Noch größere Aehnlichkeit mit der von mir vorgeschlagenen Verhandlung hat die in der französischen Geschichte so berühmte Conferenz zwischen dem Bischof Du Perron von Evreux und dem protestantischen Staatsmanne und Gelehrten Du Plessis-Mornay, die im Jahre 1600 zu Fontainebleau auf Veranstaltung des Königs Heinrich IV. stattfand. Es handelte sich um den Nachweis, daß Mornay in seinem Buche von der Eucharistie eine beträchtliche Anzahl von Stellen gefälscht oder unrichtig angezogen habe. Heinrich führte selber den Vorsitz, die angesehensten Männer beider Kirchen waren als Zeugen gegenwärtig. Sie ward nach einigen Tagen und nachdem eine Anzahl von Stellen, die Mornay angeführt hatte, geprüft worden waren, durch die Krankheit des letzteren unterbrochen, brachte jedoch auch so eine der katholischen Sache ungemein günstige Wirkung in den damals so gespannten Gemüthern hervor.

Hochwürdigster Erzbischof! Ich stelle es ganz Ihrem Ermessen anheim, welche Form Sie der von mir gewünschten und gewiß unzähligen Katholiken Deutschlands willkommenen Conferenz geben, welche Männer sie noch zuziehen oder mir entgegenstellen wollen; an berufsmäßigen Theologen, welche gewiß bereitwilligst Ihrer Einladung folgen werden, ist in Ihrer Diöcese kein Mangel. Daß eine Glaubensfrage eben so sehr Angelegenheit der Laien als der Geistlichen sei, und auch jene einen Antheil an der wissenschaft-

lichen Erforschung und Constatirung der Tradition nehmen
dürfen, zeigt die Praxis der Kirche und haben die Päpste
und die Theologen anerkannt. Hier, wo es sich um ge=
schichtliche Beweisführung handelt, unterwerfe ich mich gerne
auch dem Urtheile der angesehensten Historiker deutscher Na=
tion und katholischen Bekenntnisses. Männer wie Ficker,
Reumont, Höfler, Arneth, Kampschulte, Cornelius, Lorenz,
Wegele, Aschbach, mögen ihrerseits urtheilen, ob meine Be=
weisführung kritisch und historisch richtig sei oder nicht.

Eure Excellenz haben ehedem mein Buch über das
erste Zeitalter der Kirche, das apostolische, mit Ihrem Bei=
falle beehrt, und in Deutschland wurde es allgemein von
katholischer Seite als eine treue Darstellung der Zeit der
Grundlegung betrachtet; selbst aus dem jesuitisch=ultramon=
tanen Kreise ist kein erheblicher Tadel bekannt geworden.
Wenn nun aber die neuen Decrete Wahrheit enthalten,
dann trifft mich der Vorwurf, die Geschichte der Apostel
verkehrt dargestellt zu haben. Der ganze Abschnitt meines
Buches über die Verfassung der ältesten Kirche, meine Dar=
stellung des Verhältnisses, in welchem Paulus und die
übrigen Apostel zu Petrus standen, das alles ist dann
grundfalsch, und ich müßte mein eigenes Buch verdammen
und bekennen, daß ich weder die Apostelgeschichte des Lukas
noch die Briefe der Apostel verstanden habe.

Die neue vaticanische Doctrin legt dem Papste die
ganze Fülle der Gewalt (totam plenitudinem potestatis) über die ganze Kirche, wie über jeden einzelnen Laien,
Priester, Bischof, bei, — eine Gewalt, welche zugleich die wahr=
haft bischöfliche und wiederum die specifisch päpstliche sein
soll, welche alles, was nur immer Glauben, Sitte, Lebens=

pflichten, Disciplin berührt, in sich begreifen soll, welche jeden, den Monarchen wie den Taglöhner, unmittelbar ergreifen, strafen, ihm gebieten und verbieten kann. Sorgfältig sind die Worte so gestellt, daß für die Bischöfe schlechterdings keine andere Stellung und Autorität, als die, welche päpstlichen Commissären oder Bevollmächtigten zukommt, übrig bleibt. Damit ist denn, wie jeder Kenner der Geschichte und der Väter zugeben wird, der altkirchliche Episkopat in seinem innersten Wesen aufgelöst, und ein apostolisches Institut, dem nach dem Urtheile der Kirchenväter die höchste Bedeutung und Autorität in der Kirche zukommt, zu einem wesenlosen Schatten verflüchtigt. Denn zwei Bischöfe in demselben Sprengel, einen, der zugleich Papst ist, und einen, der bloß Bischof ist, wird doch Niemand für denkbar halten, und ein päpstlicher Vicar oder Diöcesan-Commissär ist eben kein Bischof, kein Nachfolger der Apostel; er kann durch die ihm von Rom verliehenen Gewalten sehr mächtig sein, so lange sein Auftraggeber ihn eben walten läßt, gleichwie auch ein von dem Papste mit einer Privilegienfülle ausgestatteter Jesuit oder Mendicantenmönch große Macht besitzt, und ich weiß wohl, daß in Rom den Bischöfen diese Aussicht auf Vergrößerung ihrer Macht eröffnet worden ist, — daß man ihnen oft gesagt hat: je unwiderstehlicher der Papst ist, desto stärker werdet ihr sein; denn von seiner Machtfülle werden reiche Strahlen sich auf euch herabsenken. Die Bischöfe der Minorität haben das Täuschende dieser Verheißungen wohl durchschaut, sie haben, wie die officielle „Analytische Synopsis" zeigt, wohl erkannt, daß sie, wenn der Universal-Episkopat des Papstes aufgerichtet sein werde, wohl noch kirchliche Würdenträger, aber keineswegs mehr

wahre Bischöfe sein würden. Sie selber, hochwürdigster
Herr, haben an der Deputation Theil genommen, welche
am 15. Juli dem Papste die dringendsten Gegenvorstellungen
machte, Vorstellungen, denen Herr von Ketteler noch durch
einen Fußfall Nachdruck zu geben versuchte. Bekanntlich
sind diese Vorstellungen vergeblich geblieben. Der ganze
Trost, der den um den Verlust ihrer altkirchlichen Würde
trauernden Prälaten gespendet wurde, beschränkte sich darauf,
daß im Decrete gesagt wurde, die bischöfliche Gewalt sei
eine „ordentliche" (nämlich eine potestas ordinaria sub-
delegata, wie die römischen Canonisten sich auszudrücken
pflegen), und der Papst rechne es zu seiner Aufgabe, sie
zu unterstützen, was mit einem verstümmelten Ausspruche
Gregor's des Großen belegt wurde, einer Stelle, die, wenn
man sie nebst anderen vollständig angeführt hätte, freilich
der Welt gezeigt haben würde, daß dieser Papst des siebenten
Jahrhunderts einen solchen Universal-Episkopat, wie man ihn
jetzt aufgerichtet hat, mit dem tiefsten Abscheu, als eine blas=
phemische Usurpation von sich wegwies.

Ueberhaupt hat es an Bitten, Vorstellungen, War=
nungen vor dem Concil und noch während desselben nicht
gefehlt. Sie selbst, hochwürdigster Herr, haben sich daran
durch Unterschrift betheiligt. Die Bischöfe der Minorität
haben in einer am 12. Januar an den Papst gerichteten,
auch von Ihnen unterzeichneten Ansprache erklärt, daß „die
Aussprüche und Handlungen der Kirchenväter, die echten
Urkunden der Geschichte und der katholische Lehrbegriff selbst
ernste Schwierigkeiten darböten, welche der Proclamirung
der Unfehlbarkeitslehre sich widersetzten"; sie sind damals
vor einer Erörterung dieser Schwierigkeiten, wie sie sagen,

erschrocken und haben den Papst gebeten, ihnen die Noth=
wendigkeit einer solchen Berathung nicht aufzuerlegen, das
heißt, auf das Dogma seiner Unfehlbarkeit zu verzichten.
Als aber der Papst darauf bestand, daß das Concil sich
damit befasse, haben die deutschen Bischöfe am 11. März
eingehende Conferenzen über die Unfehlbarkeitsfrage, welche
durch gewählte Deputationen beider Theile geführt würden,
begehrt. Sie wurden nicht gestattet, es blieb bei den Reden
in der allerdings jede geordnete Discussion unmöglich
machenden Aula. Wie unentbehrlich aber und bringendst
geboten prüfende Conferenzen gewesen seien, dafür will ich
hier nur Ein Beispiel anführen. Eine beträchtliche Anzahl
italienischer Bischöfe verlangte in einer nun gedruckten Ein=
gabe, daß die päpstliche Unfehlbarkeit zum Glaubenssatz
erhoben werde, weil zwei Männer, welche beide Italiener
und der Stolz der Nation seien, Thomas von Aquin und
Alfons von Liguori, diese zwei hellstrahlenden Lichter der
Kirche, so gelehrt hätten.[1] Nun war bekannt und von
mir sowohl als von Gratry bereits erinnert worden, daß
Thomas durch eine lange Reihe erdichteter Zeugnisse be=
trogen worden sei, wie er sich denn in der That für seine
Lehre durchweg nur auf solche Fälschungen und nie auf
echte Stellen der Väter oder Concilien beruft. Und was
Liguori betrifft, so reichte ein Blick in seine Schrift hin,
um einem kundigen Theologen zu zeigen, daß er es noch
schlimmer als Thomas mit gefälschten Stellen getrieben
habe. Meine Hinweisung auf den Betrug, welchem Thomas
unterlegen war, hatte in Rom großes Aufsehen erregt; der

---

[1] S. die Sammlung officieller Actenstücke zum ökum. Con=
cil, II, 153.

Verfaſſer einer in Rom damals entworfenen und gegen mich
gerichteten Schrift¹) ſagt: rings um ihn herum habe ſich
ein Geſchrei darüber erhoben. Es wäre alſo unumgänglich
nothwendig geweſen, die Sache doch zu prüfen. Freilich
würde dieſe Prüfung, wenn ſie umfaſſend und gründlich
angeſtellt worden wäre, ſehr weit geführt, ſie würde das
Ergebniß geliefert haben, daß die Theorie der päpſtlichen
Unfehlbarkeit nur durch eine lange Kette berechneter Er=
dichtungen und Fälſchungen in die Kirche eingeführt und
dann durch Gewalt, durch Unterdrückung der alten Lehre
und durch die mannigfaltigen dem Herrſcher zu Gebote
ſtehenden Mittel und Künſte ausgebreitet und behauptet
worden ſei. So waren denn alle Bemühungen, Vorſtellungen
und Bitten vergeblich; nichts wurde bewilligt, und doch
hatte man das Vorbild des ſonſt ſo oft angeführten Con=
cils von Florenz vor Augen, wo die Behauptung der
Griechen, daß man ihnen gefälſchte Texte der Väter vor=
lege, zu Monate langen, mit größter Sorgfalt angeſtellten
Unterſuchungen und Discuſſionen geführt hatte. Es iſt
Eurer Excellenz gewiß bekannt, daß man von jeher von
einem wahren ökumeniſchen Concil, wenn es dogmatiſche
Beſchlüſſe erlaſſen ſollte, die genaueſte und reiffſte Prüfung
der Tradition als Bedingung des Geltens gefordert hat.
Wie contraſtirt auch das Verfahren zu Trient in dieſem
Punkte mit dem, was 1870 in Rom geſchah! Freilich hätte
die Schrift des Erzbiſchofs Cardoni, welche in der Vorbe=
reitungs=Commiſſion ſchon angenommen war und nun auch

---

¹) De Romani Pontificis suprema potestate docendi dis-
putatio theologica, Neapoli 1870, p. 50: En tota clamorum, quos
circumcirca audimus, causa.

den versammelten Bischöfen als Beweisführung gelten sollte, nicht eine Stunde lang die Prüfung ausgehalten. Mir ist in der ganzen Geschichte der Kirche unter den als allgemein berufenen Concilien nur eines bekannt, auf welchem die Machthabenden, gleichwie auf dem jüngsten, jede gründliche Erörterung der Tradition verhindert haben, und das ist das zweite von Ephesus vom Jahre 449: dort, auf der sogenannten Räubersynode, geschah es mit Gewalt und tumultuarischer Tyrannei; auf dem vaticanischen war es die der Versammlung auferlegte Geschäftsordnung, die päpstliche Commission und der Wille der Majorität, welcher es nicht zu einer ordentlichen und einbringenden Prüfung kommen ließ. Sie würde allerdings sehr bedenkliche und mißliebige Dinge zu Tage gefördert haben, aber sie hätte auch die Kirche vor einer Verwirrung, welche auch Ihnen beklagenswerth erscheint, bewahrt. Wenn Sie nun gleichwohl behaupten, daß die vaticanische Versammlung völlig frei gewesen sei, so nehmen Sie wohl das Wort „frei" in einem Sinne, den man sonst in theologischen Kreisen nicht damit verbindet. Theologisch frei ist ein Concil nur dann, wenn freie Untersuchung und Erörterung aller Bedenken und Schwierigkeiten stattgefunden hat, wenn die Einwürfe zugelassen und nach den Regeln, welche die Ermittelung der Tradition erheischt, geprüft worden sind. Daß hiezu auch nicht der bescheidenste Anfang gemacht worden, daß in der That der immensen Majorität der Bischöfe aus den romanischen Ländern entweder der Wille oder die Einsicht mangelte, um Wahrheit und Lüge, Rechtes und Falsches gehörig von einander zu sondern, das beweisen die Schriften, die in Italien erschienen sind und in Rom vertheilt wurden,

wie z. B. die des Dominicaners und Bischofs von Mon=
dovi, Ghilardi; das beweist ferner die Thatsache, daß hun=
derte dieser Bischöfe sich auf die unantastbare Autorität des
Alfons Liguori stützen konnten, ohne zu erröthen.

Bekanntlich haben die Jesuiten, als sie den Plan
faßten, den päpstlichen Absolutismus in Kirche und Staat,
in Lehre und Verwaltung zum Glaubenssatz erheben zu
lassen, das sogenannte sacrificio dell' intelletto erfunden
und ihre Anhänger und Jünger versichert, — viele und da=
runter sogar Bischöfe auch wirklich überredet, die schönste
Gott dargebrachte Huldigung und der edelste christliche Herois=
mus bestehe darin, daß der Mensch dem eigenen Geistes=
lichte, der selbsterworbenen Erkenntniß und gewonnenen Ein=
sicht entsagend, sich mit blindem Glauben dem untrüglichen
päpstlichen Magisterium, als der einzigen sicheren Quelle
religiöser Erkenntniß, in die Arme werfe. Es ist diesem
Orden allerdings in weitem Umfange gelungen, die Geistes=
trägheit in den Augen Unzähliger zur Würde eines religiös
verdienstlichen Opfers zu erheben, und mitunter selbst Män=
ner, welche vermöge ihrer sonstigen Bildung zur Anstellung
der geschichtlichen Prüfung wohl befähigt wären, zum Ver=
zicht auf dieselbe zu bewegen. Aber die deutschen Bischöfe
sind doch, soweit sich hier nach ihren Hirtenbriefen urtheilen
läßt, noch nicht bis zu dieser Stufe der Verblendung herab=
gestiegen. Sie lassen auch der menschlichen Wissenschaft,
der menschlichen Prüfung und Forschung, noch ihr Recht
und ihre Wirkungs=Sphäre. Sie berufen sich selber auf
die Geschichte, wie eben auch der unter Ihrem Namen er=
schienene Hirtenbrief gethan.

In dem mir zugekommenen Pastoralschreiben des Herrn

Bischofs Lothar von Kübel in Freiburg heißt es S. 9: „Bekommt der Papst neue Offenbarungen? Kann er neue Glaubensartikel machen? Gewiß nicht. Er kann nur erklären, daß eine Lehre in der heiligen Schrift und Ueberlieferung enthalten, also von Gott geoffenbart sei, und deshalb von allen geglaubt werden müsse." Ich zweifle nicht, daß Eure Excellenz und die übrigen deutschen Bischöfe mit diesen Worten einverstanden sind. Dann aber handelt es sich in der gegenwärtigen verworrenen Lage der Kirche um eine rein geschichtliche Frage, welche denn auch einzig mit den hiefür zu Gebote stehenden Mitteln und nach den Regeln, welche für jede historische Forschung, jede Ermittelung vergangener, also der Geschichte angehöriger Thatsachen gelten, behandelt und entschieden werden muß. Papst und Bischöfe müssen sich hier nothwendig so zu sagen unter die Herrschaft des gemeinen Rechts stellen, das heißt, sie müssen, wenn ihre Beschlüsse Bestand haben sollen, jenes Verfahren anwenden, jenes Zeugenverhör mit der erforderlichen Sichtung und kritischen Prüfung vornehmen, welches, nach dem allgemeinen Consensus aller in geschichtlichen Dingen urtheilsfähigen Menschen aller Zeiten und Völker, allein Wahrheit und Gewißheit zu liefern im Stande ist. Zwei Fragen mußten also und müssen noch jetzt nach diesem Verfahren beantwortet werden. Erstens: ist es wahr, daß die drei Aussprüche Christi über Petrus von Anfang an in der ganzen Kirche und durch alle Jahrhunderte hindurch in dem Sinne, welcher ihnen jetzt unterlegt wird, nämlich von einer allen Päpsten damit verliehenen Unfehlbarkeit und schrankenlosen Universal-Herrschaft, verstanden worden sind? Zweitens: ist es wahr, daß die kirchliche Ueberlieferung aller

Zeiten, in den Schriften der Väter und den Thatsachen der Geschichte, die allgemeine Anerkennung dieses päpstlichen Doppelrechtes aufweist?

Wenn diese Fragen mit Nein beantwortet werden müssen, so darf nicht etwa, wie Herr von Kübel und andere thun, an den Beistand des heiligen Geistes, der dem Papste zugesichert sei, und an den ihm deshalb gebührenden Glaubensgehorsam appellirt werden, — denn ob er wirklich dieses Beistandes sich erfreue, das soll eben erst geschichtlich nachgewiesen werden. Wo ist dieß bis jetzt geschehen? Nicht auf dem Concil, denn dort hat man, wie Carboni's Hauptschrift beweist, selbst Fälschungen nicht gescheut und eine völlig unwahre Darstellung der Tradition, mit Verschweigung der schlagendsten Thatsachen und Gegenzeugnisse, gegeben, und dieß ist es eben, was zu beweisen ich mich erbiete.

Und hier bitte ich Eure Excellenz, erwägen zu wollen, daß die Lehre, zu der wir uns jetzt bekennen sollen, nach der Natur der Sache, nach der eigenen Erklärung des Papstes, nach dem Geständnisse aller Infallibilisten, einen oder vielmehr den Fundamental-Artikel des Glaubens bildet, daß es sich direct um die regula fidei, um die Norm handelt, welche über das, was zu glauben oder nicht zu glauben sei, entscheiden muß. Künftig würde jeder katholische Christ auf die Frage, warum er dieß oder jenes glaube, nur antworten können und dürfen: Ich glaube es oder verwerfe es, weil der unfehlbare Papst es zu glauben oder zu verwerfen geboten hat. Dieses oberste Glaubensprincip darf, wie es nothwendig sonnenklar in der heiligen Schrift verzeichnet sein müßte, niemals in der Kirche verdunkelt gewesen sein; es muß in jeder Zeit, bei jedem Volke, wie ein hell leuchtendes Gestirn die ganze Kirche beherrscht haben, muß an die Spitze alles Unterrichts gestellt worden sein; und wir harren alle noch des Aufschlusses, wie es denn zu erklären sei, daß erst nach 1830 Jahren die Kirche auf den Gedanken gekommen sei, eine Lehre, welche der Papst in dem an Eure Excellenz gerichteten Schreiben vom 28. October ipsum fundamentale principium catholicae fidei ac doctrinae nennt, zum Glaubensartikel zu machen! Wie ist es denn nur möglich gewesen, daß die Päpste Jahrhunderte lang ganzen Ländern, ganzen theologischen Schulen die Läugnung dieses fundamentalen Glaubenssatzes nachgesehen haben? Und war denn da eine Einheit der Kirche, wo man im Fundamente des Glaubens selbst geschieden war? Und — darf ich es noch beifügen? — wie ist es denn gekommen, daß Eure Excellenz selber so lange und so beharrlich gegen die Verkündigung dieses Dogmas sich gesträubt haben! — Weil es nicht opportun sei, sagen Sie. Aber kann es denn jemals „inopportun" sein, den Gläubigen den Schlüssel zum ganzen Glaubensgebäude zu geben, den Fundamental=Artikel, von welchem alle anderen abhängen, zu verkünden? Da stehen wir ja alle schwindelnd vor einem Abgrunde, der sich am 18. Juli vor uns aufgethan hat!

Wer die ungeheure Tragweite der jüngsten Beschlüsse ermessen will, dem ist dringend zu empfehlen, daß er immer das dritte Kapitel des Concil=Decretes mit dem vierten gehörig zusammennehme und sich vergegenwärtige, welch ein System der vollendetsten Universalherrschaft und geistlichen Dictatur uns hier entgegentritt. Es ist die ganze Gewaltfülle über die gesammte Kirche wie über jeden Einzel=

menschen, wie sie die Päpste seit Gregor VII. in Anspruch ge=
nommen, wie sie in den zahlreichen Bullen seit der Bulle
Unam sanctam ausgesprochen ist, welche fortan von jedem
Katholiken geglaubt und im Leben anerkannt werden soll.
Diese Gewalt ist schrankenlos, unberechenbar, sie kann überall
eingreifen, wo, wie Innocenz III. sagt, Sünde ist, kann
jeden strafen, duldet keine Appellation, und ist souveräne
Willkür, denn der Papst trägt nach dem Ausdrucke Boni=
facius' VIII. alle Rechte im Schrein seiner Brust. Da er
unfehlbar geworden ist, so kann er im Momente, mit dem
einen Wörtchen „orbi" — d. h., daß er sich an die ganze
Kirche wende —, jede Satzung, jede Lehre, jede Forderung zum
untrüglichen und unwidersprechlichen Glaubenssatze machen.
Ihm gegenüber besteht kein Recht, keine persönliche oder
corporative Freiheit, oder, wie die Canonisten sagen, das
Tribunal Gottes und des Papstes ist ein und dasselbe.
Dieses System trägt seinen romanischen Ursprung an der
Stirne und wird nie in germanischen Ländern durchzu=
bringen vermögen. Als Christ, als Theologe, als Geschichts=
kundiger, als Bürger kann ich diese Lehre nicht annehmen.
Nicht als Christ: denn sie ist unverträglich mit dem Geiste
des Evangeliums und mit den klaren Aussprüchen Christi
und der Apostel; sie will gerade das Imperium dieser Welt
aufrichten, welches Christus ablehnte, will die Herrschaft
über die Gemeinden, welche Petrus allen und sich selbst
verbot. Nicht als Theologe: denn die gesammte echte Tra=
dition der Kirche steht ihr unversöhnlich entgegen. Nicht
als Geschichtskenner kann ich sie annehmen: denn als sol=
cher weiß ich, daß das beharrliche Streben, diese Theorie
der Weltherrschaft zu verwirklichen, Europa Ströme von

Blut gekostet, ganze Länder verwirrt und heruntergebracht, den schönen organischen Verfassungsbau der älteren Kirche zerrüttet und die ärgsten Mißbräuche in der Kirche erzeugt, genährt und festgehalten hat. Als Bürger endlich muß ich sie von mir weisen, weil sie mit ihren Ansprüchen auf Unterwerfung der Staaten und Monarchen und der ganzen politischen Ordnung unter die päpstliche Gewalt, und durch die eximirte Stellung, welche sie für den Klerus fordert, den Grund legt zu endloser, verderblicher Zwietracht zwischen Staat und Kirche, zwischen Geistlichen und Laien. Denn das kann ich mir nicht verbergen, daß diese Lehre, an deren Folgen das alte deutsche Reich zu Grunde gegangen ist, falls sie bei dem katholischen Theil der deutschen Nation herrschend würde, sofort auch den Keim eines unheilbaren Siechthums in das eben erbaute neue Reich verpflanzen würde.[1)]

Mit hoher Verehrung verharre ich
Ew. Excellenz
gehorsamster
J. v. Döllinger.

[1)] So eben lese ich in dem officiellen Organ der römischen Curie und der Jesuiten, in der Civiltà vom 18. März 1871, p. 664: „Der Papst ist oberster Richter der bürgerlichen Gesetze. In ihm laufen die beiden Gewalten, die geistliche und die weltliche, wie in ihrer Spitze zusammen; denn er ist der Stellvertreter Christi, welcher nicht nur ewiger Priester, sondern auch König der Könige und Herr der Herrschenden ist," — und gleich nachher: „Der Papst ist kraft seiner hohen Würde auf dem Gipfel beider Gewalten."

11.
Hirtenbrief des Erzbischofs von Scherr.
2. April 1871.

Gregorius,
durch Gottes Barmherzigkeit und des heiligen apostolischen Stuhles Gnade Erzbischof von München und Freising, Hausprälat und Thron-Assistent Seiner Päpstlichen Heiligkeit ꝛc. ꝛc.

dem gesammten ehrwürdigen Klerus und allen Gläubigen des Erzbisthums Gruß und Segen in dem Herrn!

Der Stiftspropst und Professor der Theologie Dr. von Döllinger hat am 29. März d. J. eine Erklärung über seine Stellung zum allgemeinen vaticanischen Concil und zu dessen bisherigen Beschlüssen an Uns gerichtet, welche er gleichzeitig auch der Augsburger Allgemeinen Zeitung zur Verfügung stellte. Hier ist sie auch bereits (Außerordentliche Beilage Nr. 90 vom 31. März d. J.) veröffentlicht worden.

Diese Veröffentlichung zwingt Uns, den ehrwürdigen Klerus und die Gläubigen Unseres Erzsprengels öffentlich und nachdrücklich auf die Hauptirrthümer aufmerksam zu machen, welche in diesem höchst beklagenswerthen Actenstücke enthalten sind und den Verfasser, falls er sie beharrlich festhält, von der katholischen Kirche absondern.

1) Der Verfasser verlangt, daß ihm gestattet werde, in einer Versammlung von Bischöfen oder Theologen den Beweis zu liefern, daß die Glaubensdecrete der vierten Sitzung des vaticanischen Concils weder in der heiligen Schrift, wie sie die Kirchenväter verstanden, noch in der Ueberlieferung, nach ihrer echten Geschichte, enthalten seien, daß letztere vielmehr durch erdichtete oder entstellte Urkunden gefälscht worden sei, und daß die nämlichen Decrete im Widerspruche mit älteren kirchlichen Entscheidungen stehen.

Nun liegt aber hier nicht etwa eine Frage vor, welche erst zu entscheiden, darum zuvor sorgfältig zu prüfen wäre. Die Sache ist bereits entschieden; ein allgemeines, rechtmäßig berufenes, frei versammeltes, vom Oberhaupte der Kirche geleitetes Concil hat nach sorgfältiger Prüfung die katholische Lehre vom Primate des römischen Papstes erläutert, formulirt und definirt. Jeder katholische Christ weiß nun, was die Kirche zu glauben vorstellt. Die Kirche, welcher Jesus Christus seinen Beistand verheißen hat bis an das Ende der Zeiten, kann uns nichts anderes zu glauben gebieten, als das, was Gott selbst geoffenbaret hat. Wer darum dem Ausspruche der Kirche sich widersetzt, der widersetzt sich Gott. „Wer die Kirche nicht hört, der sei dir wie ein Heide und ein öffentlicher Sünder." Matth. 18, 17.

2) Der Verfasser behauptet, daß es sich hier „um eine rein geschichtliche Frage handle, welche denn auch einzig mit den hiefür zu Gebote stehenden Mitteln und nach den Regeln, welche für jede historische Forschung, jede Ermittlung vergangener, also der Geschichte angehöriger Thatsachen gelten, behandelt und entschieden werden müsse."

Daburch ist aber die historische Forschung über die Kirche gestellt, es werden die Entscheidungen der Kirche dem letzten und entscheidenden Urtheile der Geschichtschreiber preisgegeben, es wird dadurch das göttlich verordnete Lehramt in der Kirche beseitigt und alle katholische Wahrheit in Frage gestellt. Möge die Wissenschaft immerhin an die katholischen Glaubenslehren hintreten und sie mit allen menschlichen Mitteln prüfen: sie werden in jeder Feuerprobe bestehen. Die Wissenschaft des Unglaubens aber mag sich aufbäumen gegen Gott und seine Offenbarung, gegen die Kirche und ihre Glaubensdecrete: sie wird nie und nimmer den Felsen, auf den der Herr seine Kirche gebaut hat (Matth. 16, 18), zu erschüttern vermögen.

3) Der Verfasser erklärt, daß die Decrete vom 18. Juli v. J. „schlechthin unvereinbar seien mit den Verfassungen der europäischen Staaten, insbesondere mit der bayerischen Verfassung", ja, „daß diese Lehre, an deren Folgen das alte deutsche Reich zu Grunde gegangen sei, falls sie bei dem katholischen Theil der deutschen Nation herrschend würde, sofort auch den Keim eines unheilbaren Siechthums in das eben erbaute neue Reich verpflanzen würde."

Gegen diese gänzlich irrthümliche Unterstellung und sehr gehässige Anklage protestiren Wir hiemit mit lautester Stimme und erklären sie als eine unbegründete Verdächtigung der katholischen Kirche, ihres Oberhauptes, ihrer Bischöfe und ihrer sämmtlichen Glieder, welche nie aufhören werden, „dem Kaiser zu geben, was des Kaisers ist, und Gott, was Gottes ist." Matth. 22, 21.

Geliebteste Diöcesanen! Die Anschauungen, Grund=

sätze und Urtheile, welche in diesem Actenstücke vorgebracht werden, und von denen Wir euch nur die namhaftesten bezeichnet haben, sind seit der Ankündigung des vaticanischen Concils bis jetzt in vielen Büchern, Zeitschriften und Tagesblättern mit unchristlicher Leidenschaft und Bitterkeit verbreitet worden. Es wird jetzt leider durch eben dieses Actenstück die längst gehegte traurige Vermuthung zur höchsten Wahrscheinlichkeit gesteigert, daß der Verfasser dieser Erklärung das geistige Haupt der ganzen gegen das vaticanische Concil ins Werk gesetzten Bewegung gewesen ist, welche so viele Verwirrung der Geister und Beunruhigung der Gewissen erzeugt hat.

Die ebenso zahlreichen Gegenschriften und Widerlegungen fanden leider in diesen kirchenfeindlichen Kreisen kein Gehör.

Nunmehr aber gestaltet sich die Sache durch das offene Hervortreten eines bis dahin höchst verdienten und in der Kirche wie im Staate hochgestellten Mannes zu einem förmlichen Aufruhr gegen die katholische Kirche.

Geliebteste Diöcesanen! Wir sind Uns Unserer oberhirtlichen Amtspflicht wohl bewußt und haben darum nicht gesäumt, diese ernsten und warnenden Hirtenworte an euch zu richten, sowie andere augenblicklich nöthig gewordene Anordnungen zu treffen. Die weiteren Schritte, welche Wir zu thun verpflichtet sind, werden nicht minder die für die Kirche in Deutschland drohende Gefahr als die Liebe zu dem irrenden Mitbruder im Auge behalten. Wir werden „das geknickte Rohr nicht zerbrechen und den glimmenden Docht nicht auslöschen". Matth. 12, 20. Wir werden aber auch Unsere theuere Heerde vor Irrthum und Verführung zu schützen wissen.

Unseren hochwürdigen Diöcesanpriestern rufen wir zu mit Paulus: „O Timotheus, bewahre, was dir anvertraut ist, hüte dich vor unheiligen Wortneuerungen und den Widersprechungen der fälschlich so genannten Wissenschaft, zu welcher einige sich bekannten und vom Glauben abgefallen sind." 1. Timoth. 6, 20. 21.

Alle aber, geliebteste Diöcesanen, betet für das schwergefährdete Seelenheil des Verfassers jener glaubenswidrigen Erklärung, betet für die heilige Kirche, besonders in unserem theueren deutschen und bayerischen Vaterlande, betet für eueren tiefbekümmerten Oberhirten, der euch segnet im Namen des Vaters, des Sohnes und des heiligen Geistes. Amen.

Gegenwärtiges Hirtenschreiben ist nach Bedürfniß den Gläubigen von der Kanzel mitzutheilen.

Gegeben zu München, am Palmsonntage des Jahres 1871.

† Gregorius,
Erzbischof von München-Freising.

12.
Das Ordinariat von München-Freising an Döllinger.

3. April 1871.

Das Ordinariat des Erzbisthums München-Freising.

Wir sind von Seiner Excellenz unserem hochwürdigsten Herrn Erzbischofe beauftragt worden, Eueren Hochwürden den am heutigen erlassenen, in der beifolgenden Nro. 14 unseres Pastoralblattes enthaltenen Hirtenbrief zu übersenden.

Zugleich haben wir die weitere Mittheilung zu machen, daß unser hochwürdigster Oberhirt ebenfalls am heutigen sämmtlichen Theologie-Candidaten der Erzbiöcese München und Freising den weiteren Besuch Ihrer Vorlesungen hat verbieten lassen.

Dabei sind wir verpflichtet zu bemerken, daß Seine Erzbischöfliche Excellenz Euere Hochwürden zwar nicht zu hindern vermögen, Ihre Vorlesungen fortzusetzen, daß Sie dieß aber nur im offenbaren Widerspruche gegen Ihren Oberhirten, den legitimen Wächter über jeglichen Unterricht in der katholischen Religion, der in der Erzbiöcese ertheilt wird, werden thun können.

Schließlich läßt der hochwürdigste Oberhirt Eueren Hochwürden in Folge Ihrer öffentlichen Erklärung vom 29. vor. Mts. zu bedenken geben, daß die in der vierten Sitzung des vaticanischen Concils erlassene Constitutio prima de ecclesia Christi dogmatischer Natur ist, daß der Widerspruch gegen die dort definirten Sätze unter den Begriff der Häresie fällt, daß die formale Häresie die größere, dem Papste reservirte Excommunication ipso facto zur Folge hat, daß deswegen Euere Hochwürden Ihr Gewissen werden zu prüfen haben, ob Sie dieser kirchlichen Censur nicht bereits verfallen sind.

Sollten Euere Hochwürden, was Gott verhüte, auf dem durch die bezeichnete öffentliche Erklärung eingenommenen Standpunkte verharren, so würde es unvermeidlich sein, durch öffentliche und feierliche Sentenz zu erklären, daß Sie die Ausschließung aus der katholischen Kirche, der Sie einst so große Dienste geleistet haben, verwirkten.

München den 3. April 1871.

Dr. Joseph von Prand,
Dompropst und Generalvicar.

K. Osterauer, Secretär.

13.
Das Ordinariat von München-Freising an Döllinger.
17. April 1871.

Das Ordinariat des Erzbisthums München-Freising.

Von Seiner Excellenz unserm hochwürdigsten Herrn Erzbischofe Gregorius von München-Freising sind wir am heutigen beauftragt worden, Eueren Hochwürden, wie hiemit geschieht, im Namen desselben Oberhirten zu erklären, daß Sie der größeren Excommunication mit allen daran hängenden canonischen Folgen verfallen sind.

Die am 18. Juli v. J. von dem allgemeinen vaticanischen Concile gefaßten und von dem Papste Pius IX. bestätigten und feierlich verkündigten Beschlüsse sind Eueren Hochwürden genügend bekannt geworden.

Die Stellung, welche Euere Hochwürden öffentlich dem genannten Concile gegenüber eingenommen hatten, nöthigte den Oberhirten, von Ihnen eine bestimmte Erklärung in dieser Angelegenheit zu fordern und Sie zur schuldigen Unterwerfung zu ermahnen.

Dieß ist am 20. October v. J. und am 4. Januar b. J. mit Worten der väterlichsten Liebe geschehen.

Euere Hochwürden haben die Abgabe einer bestimmten Antwort sehr lange verzögert. Ihren bilatorischen Zuschriften vom 29. Januar und 14. März b. J. setzte indessen der Oberhirt die schonendste Geduld entgegen.

Endlich erfolgte Ihre zugleich der Oeffentlichkeit übergebene Erklärung vom 29. v. M., in welcher Sie nicht bloß die Anerkennung der genannten Concilsbeschlüsse verweigerten, sondern auch ein vollständig häretisches Glaubensprincip aufstellten und vertheidigten, und zugleich die gehässigsten Anklagen gegen die Kirche schleuderten.

In der hierauf am 3. b. M. an Euere Hochwürden erlassenen Entschließung wurden Sie auf die unvermeidlichen Folgen dieses Schrittes deutlich und nachdrücklich aufmerksam gemacht.

Dennoch ist bis heute in keiner Weise eine Andeutung darüber erfolgt, daß Euere Hochwürden in Ihrem Widerspruche gegen die Aussprüche der Kirche nicht verharren wollen.

Nachdem so Euere Hochwürden klaren und sicheren Glaubens-Decreten der katholischen Kirche bewußte und hartnäckige Leugnung entgegengesetzt haben und fortwährend entgegensetzen, nachdem Sie ferner den mehrfach wiederholten väterlichen Mahnungen und Warnungen Ihres Oberhirten kein Gehör liehen, nachdem Sie vielmehr Ihre Opposition gegen die Kirche öffentlich vertreten und Anhänger geworben haben, nachdem endlich die dadurch entstandene große Gefahr für die Gläubigen die lange getragene Rücksicht gegen Ihre hohe Stellung in der Kirche und im Staate, sowie gegen Ihre unzweifelhaften Verdienste im Lehramte, in der Wissenschaft und im öffentlichen Leben überwogen hat, so mußte zur Rettung Ihrer Seele und zur Warnung anderer die durch die Kirchengesetze auf das crimen haereseos externae et formalis gesetzte und vom allgemeinen vaticanischen Concile bezüglich seiner Decrete vom 18. Juli v. J. neuerdings statuirte excommunicatio major, welcher Sie durch das genannte kirchliche Vergehen ipso facto verfallen sind, durch specielle Sentenz declarirt und diesem kirchlichen Richterspruche die entsprechende Oeffentlichkeit, wie hiemit in Aussicht gestellt wird, gegeben werden.

München den 17. April 1871.

Dr. Joseph von Prand,
Dompropst und Generalvicar.

14.
Das Ordinariat von München-Freising an das Stadtpfarramt St. Ludwig in München.
18. April 1871.

Das Ordinariat des Erzbisthums München-Freising beauftragt hiemit das Stadtpfarramt St. Ludwig dahier, am künftigen Sonntage den 23. d. M. beim Pfarrgottesdienste von der Kanzel verkündigen zu lassen, „daß unser hochwürdigster Herr Erzbischof sowohl an den Stiftspropst und Professor Dr. von Döllinger, als auch an den Hofbeneficiaten und Professor Dr. Johann Friedrich die oberhirtliche Erklärung habe ergehen lassen, daß dieselben wegen ihrer bewußten, hartnäckigen und öffentlichen Leugnung klarer und sicherer kirchlicher Glaubenssätze der größeren Excommunication mit allen daran hängenden canonischen Folgen verfallen seien."

Vollzugsbericht wird erwartet.

München den 18. April 1871.

Dr. Joseph von Prand,
Dompropst und Generalvicar.

K. Osterauer, Secretär.

15.
Döllinger an den Pfarrer Widmann zu Todtnau.
18. Oktober 1874.¹)

Hochverehrter Herr! Gern beantworte ich die an mich gestellten Fragen, freilich als ein sehr in Anspruch genommener alter Mann in nothwendiger Kürze:

1) Was mich betrifft, so rechne ich mich aus Ueberzeugung zur altkatholischen Gemeinschaft, ich glaube, daß sie eine höhere ihr gegebene Sendung zu erfüllen hat, und zwar eine dreifache:

a) Zeugniß zu geben für die altkirchliche Wahrheit und gegen die neuen Irrlehren von der päpstlichen Universalmacht und Unfehlbarkeit; insbesondere aber auch als redender und permanenter Protest dazustehen gegen die heillose, von diesem Papst erst aufgebrachte Willkür in Verfertigung neuer Glaubensartikel.

b) Ein zweiter Beruf der altkatholischen Gemeinschaft ist es in meinen Augen, allmählich und in successivem Fortschritt eine von Irrwahn und Superstition gereinigte, der alten, noch unzertrennten mehr conforme Kirche darzustellen.

---

¹) Schon im J. 1875 in verschiedenen Tagesblättern, zuerst ohne den Namen des Empfängers, veröffentlicht, u. a. im „Deutschen Merkur" Nr. 29.

c) Damit hängt zusammen ihr dritter Beruf, nämlich als Werkzeug und Vermittlungsglied einer künftigen großen Wiedervereinigung der getrennten Christen und Kirchen zu dienen. Ein Anfang dazu, wenn auch noch ein kleiner, ist vor einigen Wochen in Bonn gemacht worden. Ich vertraue auf den Fortgang dieses Friedenswerkes.

2) Ich habe durchaus keine Hoffnung, daß unter dem nächsten oder einem der nächsten Päpste irgend etwas im Großen und Wesentlichen gut gemacht werde, und soviel ich wahrnehme, sind alle, welche den Zustand der römischen Curie und des römischen Klerus kennen, nach dieser Seite hin ebenso hoffnungslos als ich. In dieser ganzen Papstgemeinschaft in und außerhalb Italiens gibt es nur noch eine einzige treibende Kraft, der gegenüber alles andere, Episkopat, Cardinäle, geistliche Orden, Schulen ꝛc., sich passiv verhält, — und das ist der Jesuitenorden. Er ist die Seele, der Beherrscher des ganzen römischen Kirchenwesens. Dieß wird auch unter einem neuen Papste wohl so bleiben, weil dieser Orden unentbehrlich ist und zugleich, ohne zu herrschen oder herrschen zu wollen, gar nicht existiren kann.

Früher, vor 1773, waren in der Kirche mannigfache Gegengewichte da; die anderen Orden waren noch stark und lebenskräftig; jetzt sind die anderen Orden entweder machtlose Schatten oder halb willige, halb unwillige Trabanten des leitenden jesuitischen Gestirns, und die römische Curie muß, um Curie zu bleiben, ihr kirchliches Monopol, ihre Geldmittel u. s. w. zu bewahren, sich auf die Jesuiten stützen, d. h. ihnen und ihren Impulsen dienen. Die Jesuiten aber sind die fleischgewordene Superstition, verbunden mit Despotismus. Die Menschen beherrschen mittelst des ihnen dienstbar gewordenen Papstes — das ist ihre Aufgabe, ihr Ziel, ihre mit Meisterschaft geübte Kunst. Daher das Streben, die Religion zu mechanisiren, das sacrificio dell' intelletto, das sie anpreisen, die Seelendressur zu unbedingtem, blindem Gehorsam ꝛc.

Wie es aber jetzt, seit dem 18. Juli 1870, in der römischen Gemeinschaft aussieht und was für die nächste Zeit zu erwarten ist, mögen Sie daraus ersehen, daß das Monströseste, was je auf dem Gebiete der theologischen Lehre vorgekommen, ohne eine einzige dagegen laut werdende Stimme hat vollbracht werden können, ich meine die feierliche Proclamirung des Alfons Liguori zum Doctor ecclesiae also neben Augustinus, Ambrosius ꝛc., — des Mannes, dessen falsche Moral, verkehrter Mariencult, dessen beständiger Gebrauch der crassesten Fabeln und Fälschungen seine Schriften zu einem Magazin von Irrthümern und Lügen macht. Mir ist in der ganzen Kirchengeschichte kein Beispiel einer so furchtbaren, so verderblichen Verwirrung bekannt.

Und dazu schweigt alles, und in allen Seminarien wird die nachwachsende Generation des Klerus mit diesen Büchern des Liguori vergiftet.

Lange kann nun freilich ein solcher Zustand nicht dauern; es muß über kurz oder lang irgendwie und irgendwo eine Reaction zum Besseren eintreten — aber dieses Wo und Wie ist eben unseren Augen verborgen.

Auf Ihre dritte Frage, was ich Ihnen zu thun rathe, antworte ich: Folgen Sie Ihrer Ueberzeugung und lassen Sie sich nicht durch die Vorwände der zu bewahrenden Einheit und des unbedingten Gehorsams bethören, womit jeder

Irrwahn und jede noch so arge Verunstaltung der Religion beschönigt wird. Was wir in diesem elenden Zustande thun können und thun sollen, ist: Zeugniß abzulegen vor Gott und der Welt, der von uns erkannten Wahrheit die ihr gebührende Ehre zu geben. Der allgemeine Indifferentismus, die bloß auf die eigene Bequemlichkeit bedachte, stumpfsinnige Haltung des Klerus hat dieses Unheil des Vaticanum über uns gebracht. Je größer die Zahl der Bekennenden und von der falschen Lehre und Obedienz sich Lossagenden wird, desto höher steigt die Hoffnung einer Genesung.

Soviel in Eile! Mit aller Hochachtung Ihr ergebenster

J. v. Döllinger.

16.
Döllinger an einen Altkatholiken in Dortmund.
23. Juni 1878.[1]

Geehrtester Herr! Die Angaben in dem übersandten Blatte sind böswillige Lügen, sowohl was mich, als was Professor Friedrich betrifft. Es ist nun schon das vierzehnte Mal, daß ultramontane Blätter meine Unterwerfung ankündigen, und es wird noch öfter geschehen. Ich werde mein Alter nicht mit einer Lüge vor Gott und den Menschen entehren; dessen können Sie sicher sein. Mit freundlichen Grüßen Ihr ergebener

J. v. Döllinger.

---

[1] Deutscher Merkur 1878, S. 221.

17.
Döllinger an Professor Michelis.
1. Mai 1879.[1]

... Daß von Leo XIII. nichts von irgend welchem Belange im Sinne einer Verbesserung der kirchlichen Lage zu erwarten sei, das stand mir fest, seitdem er den Cardinälen, sämtlich Creaturen seines Vorgängers, erklärt hatte, nichts ohne ihren Beirath und ohne ihre Zustimmung unternehmen zu wollen. Daß er einen Newman, der an Geist und Wissen so hoch über dem römischen vulgus praelaticum steht, zum Cardinal ernannt, ist nur dadurch begreiflich, daß die wirklichen Ansichten des Mannes in Rom nicht bekannt sind. Hätte Newman französisch, italienisch oder lateinisch geschrieben, so ständen mehrere seiner Bücher auf dem Index.

Ich bin nun seit einer Reihe von Jahren den Einflüssen des Papstthums durch alle Jahrhunderte hindurch und in allen Richtungen nachgegangen und habe besonders auch die Geschichte der einzelnen Staaten und Landeskirchen,

---

[1] Teutscher Merkur 1879, S. 158.

wie sie durch Roms Einwirkung sich gestalteten, studirt. Das Ergebniß ist: Roms Einfluß ist viel schädlicher und ruinöser, als ich vor 1860 etwa auch nur geahnt hatte. In Deutschland, wenn man den Ursachen des Unterganges unseres alten Kaiserthums nachgeht, ist das mit Händen zu greifen. In den romanischen Ländern steht es noch schlimmer. . . .

18.

Döllinger an Dr. Robert J. Nevin, Rector der anglo-amerikanischen Kirche in Rom.*)

4. Mai 1879.

My dear Nevin!**)
I suppose your influence is sufficiently strong to get a short article or notice inserted in one of

---

*) Der englische Wortlaut dieses Briefes wurde von Herrn Dr. Nevin dem Herausgeber gütigst mitgetheilt.

**) Mein lieber Nevin! Ich nehme an, daß Sie Einfluß genug besitzen, um in einem der liberalen Blätter einem kurzen Artikel oder einer Notiz Aufnahme zu verschaffen, worin der durch ganz Europa verbreiteten erlogenen Nachricht von meiner angeblich beabsichtigten oder schon vollzogenen Unterwerfung unter die Vaticanischen Decrete widersprochen wird. Ich habe weder etwas geschrieben noch etwas gethan, das irgendwie Grund zu solchen Gerüchten hätte geben können. Die in einigen Blättern angeführten Umstände sind willkürliche Erfindungen. Es sind erst drei Wochen her, daß ich (in der Allgemeinen Zeitung vom 6., 7. und 8. April) einen Vortrag veröffentlichte, in welchem ich ausdrücklich erkläre, daß Niemand, dessen Geist wissenschaftliche Bildung besitze, jemals die Decrete des Vaticanischen Concils annehmen könne.

Während der letzten neun Jahre habe ich meine Zeit hauptsächlich dem erneuten Studium all der Fragen gewidmet, welche auf die Geschichte der Päpste und der Concilien Bezug haben; ich habe sozusagen das ganze Gebiet der Kirchengeschichte neuerdings durch-

the liberal papers *(contradicting)**) the lies that have been spread over all Europe respecting my contemplated or consummated submission to the Vatican decrees.

I have neither written nor done anything, which could have given occasion to such a rumour. The circumstances which are mentioned in some papers, are gratuitous inventions.

I have only three weeks ago published a lecture (Allgem. Zeitung 6., 7., 8. April)**) in which I state in so many words, that nobody possessing a scientific culture of mind can ever accept the decrees of the Vatican Council.

Having devoted during the last nine years my time principally to the renewed study of all the questions connected with the history of the Popes and the Councils, and, I may say, gone again over

---

wandert; dieses Studium hat zum Ergebnisse gehabt, daß die Gründe für die Unwahrheit der Vaticanischen Decrete einen unwiderlegbaren Beweis bilden. Wenn man von mir verlangt, ich solle schwören, daß diese Lehrsätze wahr seien, so habe ich dieselbe Empfindung, als wenn jemand von mir begehrte, ich solle schwören, daß zweimal zwei fünf und nicht vier seien. — Ich bitte Sie, lieber Nevin, um weitere Mittheilungen über das, was sich in Rom begibt. — Vielleicht können Sie auch dafür sorgen, daß eine ähnliche Notiz in ein amerikanisches Blatt aufgenommen wird. Aufrichtig der Ihrige

J. v. Döllinger.

*) Dieses oder ein entsprechendes Wort fehlt durch Versehen im Original.

**) „Garcin de Tassy und Indien", jetzt gedruckt in den „Akademischen Vorträgen" 2 Bd. Vgl. die angedeutete Stelle S. 297.

the whole ground of ecclesiastical history, the result is, that the proofs of the falsehood of the Vatican decrees amount to demonstration. — When I am told that I must swear to the truth of those doctrines, my feeling is just as if I were asked to swear that two and two make five and not four.

Pray, my dear Nevin, let me have some more news of what is going on in Rome.

Perhaps yon can also obtain the reception of a similar notice in one of the American papers.

Totus tuus
J. Doellinger.

Munich 4. Mai 1879.

19.

Eine hochgestellte Dame an Döllinger.

15. und 28. Februar 1880.

B. 15. Februar 1880.

Geehrter Herr Doctor! Seit Jahren flehe ich inständigst und aus Grund des Herzens zu Gott, Er wolle einen Strahl Seiner göttlichen Liebe in Ihr Herz senken, um in diesem himmlischen Lichte Sie den Abgrund erkennen zu lassen, an welchem Sie stehen, und so Sie vor diesem Verderben zu bewahren, und da mir der Gedanke an Euer Hochwürden keine Ruhe mehr läßt, entschließe ich mich jetzt — so anmaßend Ihnen dieß auch erscheinen mag — Sie selbst um Mitwirkung mit dieser göttlichen Gnade anzuflehen. Euer Hochwürden scharfer Geist ist zu tief in die Lehren unserer heiligen Religion eingedrungen, um nicht zu wissen, daß, wenn ein so reichbegnadeter, hochbegabter und hellerleuchteter Priester sich gegen die Autorität der Kirche auflehnt und im Ungehorsam gegen dieselbe stirbt, er eine viel schrecklichere Strafe in der Ewigkeit zu erwarten hat, als andere, die weniger Erkenntniß, weniger Gnaden und daher geringere Verantwortung hatten. Es erfaßt mich wahrhaftes Grauen und ein ganz unsagbares Mitleid, wenn ich an die entsetzliche Zukunft denke, welcher Sie unfehlbar

entgegengehen, so Sie nicht jetzt noch, in der elften Stunde,
Umkehr machen. Oh, Hochwürden, kniefällig möchte ich
Sie bitten, haben Sie doch Erbarmen mit Ihrer unglück=
lichen Seele, retten Sie sie vor diesem entsetzlichsten aller
Schicksale! Sie kennen es, Sie glauben daran, was kann
Sie denn von der Umkehr zurückhalten? Rücksicht auf das,
was einzelne Menschen sagen werden? Stolz, der keinen
Irrthum bekennen will? Ach, was ist das alles! Wie
kann man schwanken und zögern, wenn in der einen Waag=
schale, neben einer kleinen Spanne Zeit und einem bischen
Scheingold menschlicher Ehre, eine Ewigkeit voll des unbe=
schreiblichsten Jammers, in der andern aber, als Lohn für
einen heroischen Entschluß, die ewige, unendliche Glückselig=
keit, die Anschauung und der Besitz Gottes liegt!

Die wenigen, welche vielleicht es sich heraus=
nehmen, Ihren Schritt zu tadeln, können nicht dereinst vor
Gott Ihre Schuld übernehmen, die Strafe für Sie tragen;
dagegen die vielen Katholiken, noch mehr die Engel und
Heiligen des Himmels, die mit seligster Freude und Jubel
Ihre Umkehr begrüßen, Ihre heroische Selbstüberwindung
und Demuth bewundern werden, sie alle begleiten durch
ihre Gebete Ihre Seele, und stehen Ihnen bei in jener
Stunde, die keinem ausbleibt. Euer Hochwürden haben einmal
mit ergreifender Beredsamkeit den Tod des heiligen Fran=
ziscus geschildert, schließend mit den Worten: „Gott gebe
uns allen ein solches Ende!" Dieser Heilige wird bei
Ihnen sein in der schweren Stunde, wird sie dann stärken
und trösten, wenn Sie jetzt den Muth haben, wieder ein
demüthiger Sohn der Kirche zu werden.

Oh, Hochwürden, öffnen Sie noch der göttlichen

Gnade das Herz, warten Sie nicht, bis es zu spät ist! Rufen Sie an den heiligen Franziscus!

Mit den treugemeintesten, wärmsten Wünschen für das Wohl Euer Hochwürden zeichnet ***

B. 28. Februar 1880.

Hochwürdigster Herr! Den heutigen Tag kann ich nicht vorübergehen lassen, ohne Euer Hochwürden zu wiederholen, wie sehr ich, wie inbrünstig alle guten Katholiken für Sie zu Gott flehen, auf daß er mit überfließendem, unwiderstehlichem Strom von Licht und Gnade Sie überschütte, und Sie, davon überwältigt und bezwungen von der göttlichen Liebe, zu des Heilands Füßen — nein, in Seine Ihnen allzeit geöffneten Arme, an Sein göttliches Herz sinken, und dort die Ruhe, dort den Frieden und die Seligkeit finden, die Sie sonst nirgends und niemals, ja in alle Ewigkeit nicht genießen werden! Oh, Hochwürden, was sind neunzig, was hundert Jahre gegen die Ewigkeit! Was alle Ehre vor den Menschen, wenn es sich darum handelt, auf diese Ehre zu verzichten um der Gerechtigkeit Gottes und, was mehr ist, seinen Strafen zu entgehen! Was gilt die Vergangenheit, mit der man brechen müßte, wenn wir dafür eintauschen können die beseligende Anschauung Gottes! Lassen Sie sich nicht abhalten durch diese menschlichen Rücksichten, das zu thun, wodurch sie sich die freudige Bewunderung der ganzen katholischen Welt erringen werden, und sich eine ewige Glückseligkeit und unermeßliche Belohnungen im Jenseits erkaufen. Oh, bedenken Sie es jetzt, da es noch Zeit ist! Sehen Sie, wie liebevoll der

Heiland Ihrer wartet, wie er, unbeirrt durch die Verzögerung Ihrer Rückkehr, Jahr um Jahr Ihnen zusetzt, wieder und wieder mit Seiner Gnade an Ihr Herz klopft! Lassen Sie ihn nicht länger warten, antworten Sie auf so große Liebe mit endlicher Gegenliebe, mit wahrer, reumüthiger Heimkehr und retten Sie sich so vor dem ewigen Tode!

Daß Euer Hochwürden Licht und Kraft zu dieser Rückkehr in innigster Liebesreue finden, und so nach langem Erdenleben sich auch den Besitz Gottes für alle Ewigkeit sichern, das ist mein innigster Wunsch am heutigen Tage, das auch mein Gebet für Sie zur Mutter der Gnade und zu dem seraphischen Heiligen, den Euer Hochwürden ehedem so hoch verehrt, dessen Lob Sie so beredt verkündet haben.

Mit diesem Wunsche, diesem Gebete verbleibe ich Euer Hochwürden ergebene ***

20.
Döllinger's Antwort auf die Briefe einer hochgestellten Dame.

(1880.)

...... Vor allem bringe ich für die Sorge um mein Seelenheil, welche sich in dem huldvollen an mich gerichteten Schreiben kundgibt, meinen aufrichtigen und tiefgefühlten Dank dar.

Was die Angelegenheit selbst betrifft, so würde ich einem Mann gegenüber mich einfach auf jene Thatsachen und Gründe berufen, welche ich im Jahre 1871, als die Unterwerfung unter die Vaticanischen Decrete von mir verlangt wurde, veröffentlicht habe, — Thatsachen und Gründe, von denen, nach meiner heute mehr noch als je fest stehenden Ueberzeugung, jeder unwiderlegt und unwiderlegbar ist. Aber Ew... haben jenes Schriftstück wahrscheinlich nie gesehen oder doch, wenn es Ihnen unter die Augen kam, keines Blickes gewürdigt. Man hat Ihnen wohl gesagt, alles von mir Behauptete sei unwahr, und Sie haben sich gern dabei beruhigt, was ich ganz natürlich finde. Dennoch aber erlaube ich mir, Ihre Aufmerksamkeit auf einige Umstände zu lenken, welche vielleicht eine Milderung Ihres Urtheils über meine Lage und mein Verhalten bewirken könnten.

Ich stehe jetzt in meinem 81. Jahre, bin 47 Jahre

lang öffentlicher Lehrer der Theologie gewesen, und in dieser
langen Zeit ist mir von den kirchlichen Oberen, den nahen
wie den fernen, nie eine Rüge oder auch nur eine Auffor=
derung zur Verantwortung oder besseren Erklärung zugekom=
men. Die neuen, von Pius IX. mit seinem Concil aufge=
stellten Glaubensartikel hatte ich nie gelehrt. In meiner
Jugendzeit, als ich zu Bamberg und Würzburg studirte,
galten sie als theologische Meinungen, und viele setzten bei:
schlecht begründete Meinungen. Bei mir, der ich mich fast
ein halbes Jahrhundert lang Tag für Tag mit diesen
Materien und allen dahin einschlagenden Fragen zu be=
schäftigen hatte, befestigte sich immer mehr die Ueberzeugung,
daß diese Lehren und Ansprüche nicht nur biblisch, tradi=
tionell und geschichtlich unbegründet und irrig seien, sondern
auch, daß sie, ehe sie noch zu dem Range und der binden=
den Kraft von Glaubensartikeln erhoben waren, für Kirche,
Staat und Gesellschaft die nachtheiligsten Wirkungen gehabt
hätten. Da kam das verhängnißvolle Jahr 1870. Wenn
ich der Forderung, die neuen Dogmen zu beschwören, ge=
horchte, so erklärte ich damit mich selber für einen Irr=
lehrer, und nicht nur mich, sondern meine verstorbenen
Lehrer und eine Menge von Freunden und Collegen, die
sich in der gleichen Lage befanden. Vergeblich bat ich,
man möge mich bei dem Glauben und Bekenntniß belassen,
welchem ich bisher ohne Tadel oder Widerspruch treu ge=
blieben war. Gestern noch rechtgläubig, war ich heute ein
des Bannes würdiger Ketzer, nicht weil ich meine Lehre
geändert hatte, sondern weil andere für gut gefunden hatten,
die Aenderung vorzunehmen und Meinungen zu Glaubens=
artikeln zu machen.

Ich soll, wie der jesuitische Lieblingsausdruck lautet, das Opfer meines Verstandes (sacrificio dell' intelletto) bringen. Das ist es auch, was Ew… von mir verlangen. Aber wenn ich das thäte, in einer Frage, welche für das geschichtliche Auge völlig klar und unzweideutig daliegt, dann gäbe es eben überhaupt keine geschichtliche Wahrheit und Gewißheit mehr für mich; ich müßte dann annehmen, daß ich mich mein ganzes Leben lang in einer Welt des Wahnes und Schwindels befunden habe und total unfähig sei, in geschichtlichen Dingen Wahrheit von Fabel und Lüge zu unterscheiden. So wäre mir geradezu der Boden unter den Füßen weggezogen, auch für meine religiösen Anschauungen; denn auch unsere Religion hat doch geschichtliche Thatsachen zu ihrer Grundlage. Ich muß zuvor überzeugt sein, daß die Hauptbegebenheiten der evangelischen und apostolischen Geschichte im Wesentlichen wahr und unantastbar sind, und diese Ueberzeugung muß bei mir, meinem Lehrerberufe und Lebensgange gemäß, eine wissenschaftlich vermittelte, das heißt eine durch meine eigene Geistesarbeit erworbene und durch sorgfältige Forschung mir verbürgte sein; denn alles, was von der Kirche und ihrer Autorität behauptet wird, hat diese historischen Thatsachen zur Voraussetzung.

Was würden Ew… sagen, wenn man Ihnen im Namen des Papstes geböte, zu glauben und zu bekennen, daß die Existenz und die ganze Geschichte des ersten Napoleon Bonaparte ein Mythus, eine Erdichtung sei? Nun, mit der selben innersten und durch keine Autorität der Welt zu erschütternden Gewißheit, mit welcher Sie von der Existenz Napoleon's und den Hauptthatsachen seines Lebens

überzeugt sind, weiß ich, daß die Vaticanischen Decrete un=
wahr sind. Das heißt, ich weiß, und zwar nicht aus
zweiter oder dritter Hand, sondern durch sorgfältiges, lebens=
längliches Studium aller Quellen, daß die beiden Behaupt=
ungen von der stets in der Christenheit geglaubten und
geübten absoluten Allgewalt und Unfehlbarkeit des Papstes
unrichtig sind. Nur durch eine lange Kette von List und
Gewalt, Bestechung, Trug und Fiction ist es gelungen, die
alte Lehre, trotz ihrer tausendfachen Begründung, Schritt vor
Schritt zurückzudrängen und der neuen, in mönchischem In=
teresse ersonnenen den endlichen Sieg zu verschaffen. Man
hat freilich mehrere Jahrhunderte dazu gebraucht.

Ew... sind, wie man mir versichert, eine Dame von
ausgezeichneter Geistesbildung, kennen also ohne Zweifel
auch die classische französische Literatur, kennen Männer wie
Bossuet und Fenelon, und wissen wohl auch, daß diese Männer
und mit ihnen alle Bischöfe und Theologen, überhaupt der
ganze französische Klerus vor der Revolution, gallicanisch
glaubten und lehrten. Das heißt, sie verwarfen gerade
die zwei neuen Glaubensartikel des Vaticanischen Concils.
Gleichwohl wurden sie stets von den Päpsten in ihren Wür=
den bestätigt, womit die Päpste ihnen fort und fort das
Zeugniß der vollen Rechtgläubigkeit ausstellten. Wenn mein
Bischof mir erklären wollte: ich entbinde dich vom Bann,
unter der Bedingung, daß du glauben und bekennen willst,
was Bossuet und Fenelon und Hunderte der frommsten und
gelehrtesten Bischöfe mit ihnen vom Papste gelehrt haben, —
wer wäre bereitwilliger als ich? Statt dessen verlangt man
von mir einen Eidschwur auf die Vaticanischen Beschlüsse,
also das, was für mich ein offenbarer Meineid wäre, und

zwar ein doppelter: denn einmal müßte ich hiemit den Eid brechen, der mir von der Kirche beim Eintritt in meine Amtsthätigkeit auferlegt wurde, den Eid nämlich, die heilige Schrift stets in Uebereinstimmung mit der Auslegung der heiligen Väter zu deuten, und zweitens müßte ich in dem geforderten Eide eine moralische Selbstvernichtung an mir vollziehen. Denn mit diesem Eide würde ich bezeugen, daß ich mein ganzes Leben hinburch irrig gelehrt, daß ich die Kirchengeschichte, die Väter, die Bibel falsch verstanden und mißdeutet hätte. Und was hätte ich damit erreicht? Nun einmal, daß ich den Rest meines Lebens keine ruhige Stunde mehr hätte, und dann, daß ich als Lügner und mit der furchtbaren Last eines Meineids beladen hinüberginge in das Jenseits....

21.
Bischof Hefele an Döllinger.
10. Juni 1886.

Hochwürdigster Herr Stiftspropst! Nur wenigen ist ein so hohes kräftiges Alter mit solcher Frische des Geistes beschieden wie Ihnen, hochwürdigster Herr Stiftspropst! Obgleich zehn Jahre jünger, fühle ich schon stark die Gebrechen des Alters und habe darum schon Schritte zur Bestellung eines Coadjutors gethan. Bevor ich aber mein Tagewerk schließe, möchte ich mir noch ein Wort an Ew. Hochwürden und Gnaden erlauben, ein Wort, welches ebenso sehr von der unversiegbaren Verehrung gegen den großen Gelehrten, wie von der dankbaren Erinnerung an all das Wohlwollen, welches Sie mir früher zuwandten, eingegeben ist. Und es ist dieß Wort eine herzliche Bitte: Vergessen Sie, hochverehrter Herr, alle Unbill, die Ihnen von Ihren temporären Gegnern widerfahren ist, vergessen Sie großmüthig all das, und machen Sie, zur Freude von Engeln und Menschen, Ihren Frieden mit der Kirche, welche sie so lange und so ruhmvoll vertheibigt haben. Werfen Sie meine Bitte nicht als unbefugt kurzweg bei Seite; sie kommt ja aus einem aufrichtigen und dankbaren Herzen, und ich weiß, ja Sie selbst wissen es, daß Tausende und Tausende sich innerlich dieser Bitte anschließen. Krönen Sie durch diesen Frieden die ruhmvolle Laufbahn Ihres so reich gesegneten Lebens!

Mit ausgezeichneter Hochachtung verharrt Ew. Hochwürden und Gnaden ganz ergebenster

Dr. Hefele, B. v. R.

22.
Erzbischof Antonius von Steichele an Döllinger.
1878. 1879 und 1886.

München 12. Dec. 1878.

Hochwürdigster, hochverehrter Herr Stiftspropst! Von dem Mahnschreiben, welches ich beim Antritte meines oberhirtlichen Amtes an Klerus und Volk des Erzbisthums München und Freising erlassen habe, besorgte ich in jüngster Zeit eine neue Ausgabe, bestimmt als Erinnerungszeichen zur Vertheilung an Freunde. Es drängt mich, hochwürdigster Herr Stiftspropst, diese Gabe auch in Ihre Hand, des unvergeßlichen Lehrers meiner Jugend, gegen welchen ich die alte Verehrung und Dankbarkeit stets im Herzen bewahrte, als Erinnerungszeichen niederzulegen. Möchten Sie diese meine Erstlingsworte an meine Diöcesanen wohlwollend entgegennehmen und mir dabei die aufrichtige Versicherung gestatten, daß ich in Theilnahme und freundlichster Gesinnung bleiben werde, hochverehrter Herr Stiftspropst,

Ihr ergebener

† Antonius,
Erzbischof von München und Freising.

München 27. Febr. 1879.

Hochwürdigster, hochverehrter Herr Stiftspropst! Sie feiern morgen Ihren achtzigsten Geburtstag. Mit inniger

Theilnahme begrüße ich diesen Tag; mit der Dankbarkeit eines Schülers gegen den greisen Lehrer, mit der Verehrung eines Jüngers gegen den hochgefeierten Träger reichster Wissenschaft, mit der Liebe eines besorgten Oberhirten zu dem im Höchsten und Wichtigsten mit ihm leider noch nicht geeinigten Mitbruder, werde ich morgen im Geiste um Sie weilen. In dieser Gesinnung, hochverehrter Herr Stiftspropst, wünsche ich Ihnen des Himmels reichsten Segen zum morgigen Feste und für die ferneren Tage Ihres Lebens, deren Gottes Güte Ihnen noch eine lange Reihe gewähren möge; in dieser Gesinnung bete ich für Sie. Und — Sie fühlen es, bevor ich es ausspreche, — um welche Gabe Gottes könnte ich wohl inniger und wärmer für Sie beten, als um die Gnade, daß seine Leuchte und sein Stab Sie zurückgeleiten möge zur Einheit mit jener Kirche, deren um Sie gleichfalls bekümmertes Oberhaupt, wie Ihr Bischof, Ihnen so gern die Hand des Friedens reichen möchte. Diesen Moment wolle Gottes Güte, bevor der Tag sich weiter neigt und es völlig Abend werden will, noch gewähren, — zur Freude von Tausenden, welche gleich mir denselben ersehnen, und zum Troste der heiligen Kirche, von deren Einheit getrennt ja die eigene Seele Ruhe und Frieden zu finden gewiß nicht vermag.

In all jener Liebe und Sorge, deren Zeuge der Abend des 21. Januar jüngst für uns wurde, bin und bleibe ich, hochverehrtester Herr Stiftspropst,

Ihr ganz ergebener

† Antonius,

Erzbischof von München und Freising.

München 30. Juli 1886.

Hochwürdigster, hochverehrter Herr Stiftspropst! Es werden wohl wenige Tage dahin gehen, ohne daß ich in alter Liebe und Theilnahme Ihrer gedenke, ohne daß Sorgen und Gebete für Ihr Wohl und Heil meine Seele bewegen. Gelegenheit, davon Zeugniß zu geben, bietet mir der heutige Tag, der Vorabend vom Feste Ihres Namens, welches Sie morgen feiern werden. Auch ich feiere dieses Fest mit Ihnen; leider aber kann ich es nicht in reiner Freude thun; sie ist getrübt bei dem Gedanken, daß ich Ihnen nicht die Bruderhand reichen kann zum gleichen Streben und Ringen für Christus und sein Reich, daß der verehrte Lehrer hier steht und der dankbare Schüler dort, daß der Bischof gerade jenen der ihm Anvertrauten fern von sich wissen muß, den er in aller Liebe und Wärme des Herzens sich am nächsten sehen möchte. Diese Gesinnung ist es, welche Ihren Bischof mahnt und drängt, an diesem Tage ein freundliches, wohlmeinendes Wort an den theuren Mitbruder zu richten, ihn einzuladen und zu bitten, er möge sich versöhnen mit der heiligen römisch-katholischen Kirche, für die er einst geglüht und in Wort und Schrift und That so segensreich gewirkt hat; er möge wieder eintreten in jene Gemeinschaft mit ihr, in welcher er sich einst so glücklich fühlte.

Sie haben, hochverehrter Herr Stiftspropst, gerade in letzterer Zeit, bei äußern Begegnungen, gegen mich wiederholt so freundliches Entgegenkommen und so wohlwollende Gesinnung gezeigt, daß ich mit Muth und Vertrauen diesen Ruf an Sie erhebe. Gott hat Ihre Lebenstage fast ungewöhnlich verlängert und mit Kräften des Leibes und Geistes wunderbar begnadigt. Wer weiß aber, wie lange die Frist zur Heimkehr in die Kirche noch offen stehen wird? Auch meine Jahre rücken hoch hinauf. Möchte aber doch meiner bischöflichen Amtsverwaltung jener glückliche Tag noch vorbehalten sein, an welchem ich Sie wieder hinführen könnte zur Kirche Gottes und zu ihrem obersten Hirten! Es wäre ein Jubel für Millionen von Gläubigen, Freude für die Chöre der Seligen, Bürgschaft für Ihr eigenes ewiges Heil!

Um diesen glücklichen Tag zu Gottes Barmherzigkeit flehend, bin ich in aller Liebe und Theilnahme

Ihr treu ergebener

† Antonius,
Erzbischof von München und Freising.

23.
Döllinger an den Erzbischof von Steichele.
1. März 1887.

Ew. Excellenz! Lange — Sie werden wohl sagen, allzu lange — habe ich gezögert, meine im vorigen Schreiben¹) gegebene Zusage zu erfüllen. Einige Wochen hindurch hatte ich mich mit dem Gedanken getragen, Ew. Excellenz in einer ausführlichen Darstellung die vornehmsten Gründe meines Verharrens in der bisherigen Stellung mitzutheilen. Ich hatte auch bereits manches zu diesem Zwecke Gehörige zu Papier gebracht. Indeß erkannte ich allmählich, daß der Stoff, bei seiner Wichtigkeit und Fülle, mir zu einem Heft oder Buche anwachsen würde, und daß ich Ew. Excellenz kostbare Zeit nicht für eine derartige Lectüre in Anspruch nehmen dürfe. Demnach begnüge ich mich mit der Erwähnung einiger Thatsachen, nur um Ew. Excellenz Rechenschaft abzulegen von meinem gegenwärtigen Standpunkt und Geisteszustand.

Erstens: in dem Bannfluch, welchen das hiesige Domkapitel im Namen Ihres Vorgängers gegen mich von allen

---

¹) Dieses Schreiben, ohne Zweifel eine kurze Ankündigung der hier abgedruckten Antwort, hat sich nicht vorgefunden.

Kanzeln hat verkündigen lassen, kann ich auch heute noch nur eine Gewaltthat und Ungerechtigkeit erkennen. Ich hatte mich ja erboten, mich belehren, mich öffentlich widerlegen zu lassen. Daß ich zugleich bat, mich dabei auch zum Worte zuzulassen und meine Bedenken anzuhören, das war doch selbstverständlich und hätte der kirchlichen Praxis entsprochen. Die Räthe des Erzbischofs waren ja siegesgewiß; in ihren Augen war und ist die Falschheit aller meiner Behauptungen sonnenklar; sie waren also überzeugt, daß die Verhandlung nur zu meiner öffentlichen Niederlage und Beschämung führen könne und mir dann natürlich nichts übrig bleibe, als die ertheilte Belehrung dankbar und bemüthig hinzunehmen und mich zu unterwerfen. Eine pertinacia war also meinerseits offenbar nicht vorhanden, und Ew. Excellenz wissen, daß, wo diese fehlt, ein Bannstrahl wegen Lehrverschiedenheit nichtig und ungültig ist. Das Verfahren mit mir ist in der That ein in der Kirchengeschichte beispielloser Vorgang. Es ist noch nie vorgekommen, daß man einen Greis, der im 45jährigen Lehramte sich nie auch nur einen bischöflichen Verweis oder Tadel zugezogen hatte, dessen Orthodoxie bis dahin nie auch nur einer constatirten Verdächtigung ausgesetzt war, kurzweg und ohne ihn auch nur anzuhören — nach beliebter Formel — dem Satan übergeben hat. Mehr noch: in den von der geistlichen Behörde mir zugestellten Documenten wird mir auch angekündigt, daß alle vom kanonischen Recht an den Bann geknüpften Folgen mich treffen sollen. Das kanonische Recht betrachtet nun den Bann nicht bloß als ein über das Seelenleben gefälltes Todesurtheil; es gibt auch den Leib des Gebannten dem Mordstahl jedes beliebigen

„Eiferers" preis. Denn also erklärt sich die in das allgemeine kirchliche Lehr- und Gesetzbuch aufgenommene Decretale Papst Urban's II: Excommunicatorum interfectoribus, prout in ordine ecclesiae Romanae didicistis, secundum intentionem, modum congruae satisfactionis injunge. Non enim eos homicidas arbitramur, quos, adversus excommunicatos zelo catholicae matris ardentes, aliquos eorum trucidare contigerit. Ne tamen ejusdem ecclesiae matris disciplina deseratur, eo tenore, quem diximus, poenitentiam eis indicito congruentem, qua divinae simplicitatis oculos adversus se complacare valeant, si forte quid duplicitatis, pro humana fragilitate, in eodem flagitio incurrerint.[1] Folgerichtig hat denn auch der Cardinal Turrecremata, bekanntlich der vornehmste Begründer der päpstlichen Unfehlbarkeitslehre, in seinem Commentar über diese, bei Gratian Causa 23 quaest. 5, c. 47 Excommunicatorum befindliche Entscheidung, erklärt: wenn Jemand aus wahrem Eifer einen Gebannten um's Leben gebracht habe, nullam meretur poenitentiam.

---

[1] „Denjenigen, welche Excommunicirte getödtet haben, mache, wie ihr aus der Ordnung der römischen Kirche gelernt habt, gemäß der Intention, eine entsprechende Genugthuung zur Pflicht. Denn wir sehen diejenigen nicht als Mörder an, welche, von dem Eifer der katholischen Mutter gegen die Excommunicirten entbrannt, einige derselben getödtet haben. Damit aber nicht die Zucht derselben Mutter Kirche verlassen werde, lege ihnen in der besagten Weise eine entsprechende Buße auf, durch welche sie die gegen sie gerichteten Augen der göttlichen Lauterkeit beschwichtigen können, falls sie bei dem besagten Vergehen, gemäß der menschlichen Gebrechlichkeit, sich etwas Unlauteres sollten haben zu Schulden kommen lassen."

Solche Dinge sind von Personen an mir verübt worden, welche den völlig unselbstständigen Herrn von Scherr lenkten, und diese Personen waren ehedem meine Schüler gewesen. Welches Verbrechen hatte ich begangen, um mit der schwersten aller Strafen belastet zu werden, mit einer Strafe, die nach kirchlichen Aussprüchen schwerer ist, als die Todesstrafe?

Ich hatte mich geweigert, ein Concil anzuerkennen, welchem, außer der Zahl, fast alle von der Theologie aufgestellten Bedingungen der Geltung fehlen, ein Concil, auf welchem notorisch keine Freiheit, keine gründliche Prüfung, keine Darlegung der wirklichen Tradition stattfand, ein Concil, dessen beispiellose Geschäftsordnung schon den Bischöfen ihre Knechtung verkündigte. Herr Erzbischof von Scherr theilte mir gleich in den ersten Tagen nach seiner Rückkehr offenherzig mehrere Thatsachen mit, die mir keinen Zweifel in dieser Beziehung ließen, und dazu kamen noch mündliche und schriftliche Aeußerungen von anderen Bischöfen, die alle in gleichem Sinne lauteten. In dem kürzlich erschienenen Werke des Herrn von Schulte, „Der Altkatholicismus", liegt nun ein reichhaltiges Material von derartigen bischöflichen Briefen und Zeugnissen vor. Was kann man denn noch zur Beschönigung, dieser Menge der gewichtigsten Stimmen gegenüber, vorbringen? Em. Excellenz selbst sind gewiß weit davon entfernt, diese ehrwürdigen, zum Theil noch lebenden Collegen als Lügner und Verleumder der Kirche bezeichnen zu wollen. Und fürwahr, man möchte, Angesichts solcher Berichte und Bezeugungen, sein Haupt verhüllen in Schmerz und Trauer über diese nie mehr auszutilgende Schmach der occidentalischen Kirche.

Der Verlauf des Vaticanischen Concils ist ein schlimmerer, als der der Ephesinischen Synode von 449. Denn List und Trug, geistiger Zwang, geschäftsmäßige Unterdrückung unter dem Schein einer freien Berathung, das sind schlimmere Dinge als körperliche Mißhandlung und wüstes Geschrei, wie es in Ephesus statt fand.

Und nun die Lehre selbst, die neuen Glaubensartikel, welche man achtzehn Jahrhunderte nach der Apostelzeit verfertigt hat und nun der Welt als uralte Wahrheit aufzwingen will, Glaubenssätze, mit welchen man die feierlichen Entscheidungen dreier ökumenischer Concilien (von 680, 1415, 1431), ohngeachtet ihrer Bestätigung durch die Päpste, umstößt! Und diese neuen Glaubenssätze sind nun und müssen sein die Grund- und Ecksteine, auf welchen forthin die Festigkeit und Unantastbarkeit des ganzen katholischen Lehrgebäudes beruhen soll. Der alte, von allen Vätern so oft eingeprägte Grundsatz: Nihil innovetur, nisi quod traditum est, ist nun in sein Gegentheil verkehrt, und consequenter Weise sollte man alle älteren Lehrbücher der Theologie umschreiben oder verbieten; denn sie alle stützen sich ja auf die Tradition, und diese wäre doch nur ein Trug-Gespenst, wenn sie nicht an dem Satze festhielte, daß jede der alten Lehre sich entgegenstellende Neuerung verwerflich und falsch sei.

Ich gestehe Ihnen, daß es für mich eine Zeit gab, — in den Jahren nach 1836 und in den folgenden — in welcher ich selbst aufrichtig wünschte, das sogenannte Papalsystem annehmen und beweisen zu können. Damals sah ich nämlich, daß der Jesuiten-Orden mit seiner ganzen, rasch wachsenden Macht diese Doctrin zur ausschließlichen

Geltung zu bringen strebte, und dabei von Rom und einem großen Theile des Episkopats unterstützt und ermuntert warb. Ich sah zugleich, daß in Frankreich ganz besonders die alte gallicanische Lehre immer mehr verdrängt und und verrufen wurde, während zugleich der völlige Unglaube dort riesenhafte Fortschritte machte. Eine Ahnung, welchen Ereignissen und Zuständen wir entgegengehen möchten, überkam mich, und ich empfand das Bedürfniß, zu meiner eignen Belehrung und Sicherstellung, der Frage ein gründliches und umfassendes Studium zu widmen und vor allem die Quellen selbst zu studiren. Zugleich beschäftigte mich der Gedanke, daß ich vielleicht eine vielfach empfundene Lücke in der Literatur ausfüllen und eine den jetzigen wissenschaftlichen Anforderungen entsprechende Geschichte des Papstthums zu Stande bringen könnte. So habe ich denn in vieljähriger, anhaltender Arbeit ein Material zusammengebracht, viel umfangreicher und vollständiger, als es in irgend einem gedruckten Werke zu finden ist. Ich glaube nicht, daß mir irgend ein Zeugniß von einigem Gewicht entgangen sei. Das Resultat war das Bewußtsein, daß ich diese Materie in ihrem anderthalbtausendjährigen Verlauf und Entwicklungsgange klar überschaue und es zu jener Gewißheit gebracht habe, welche auf geschichtlichem Gebiete überhaupt erreichbar ist, — sodann die Ueberzeugung, daß ich dem Plan einer Papstgeschichte entsagen müsse; denn das Buch wäre sicher sofort auf den Index gekommen, und ich hätte dann, gemäß der neuen, unter Herrn von Scherr eingeführten Praxis, entweder einen lügenhaften Widerruf leisten oder meine akademische Lehrthätigkeit, an der ich mit ganzer Seele hing, aufgeben müssen.

Was aber die dogmatische Frage betrifft, so war es mir nun klar und gewiß, daß das ganze Gebäude der päpstlichen Omnipotenz und Unfehlbarkeit auf List und Trug, Zwang und Gewaltthat in mannigfaltigen Formen beruhe und daß die Bausteine, mit denen dieses Gebäude aufgeführt worden ist, einer durch alle Jahrhunderte, seit dem fünften, sich erstreckenden Reihe von Fälschungen und Fictionen und darauf gegründeten Schlüssen und Consequenzen entnommen seien.

Da stehe ich nun, und Ew. Excellenz mögen selbst ermessen, mit welchen Gefühlen ich solche Ansinnen, wie das Ihrige und diejenigen, welche der jetzige Papst bereits dreimal an mich hat gelangen lassen, aufnehmen muß. Ich sage mir es täglich, daß ich ein gebrechlicher, immerfort vielfach irrender Mensch bin. Mein ganzes Geistesleben ist im Grunde ein stetes Corrigiren und Ablegen früher gefaßter Meinungen und gebildeter Ansichten gewesen. Ich bin mir bewußt, mich niemals hartnäckig einer besseren Einsicht verschlossen zu haben; wenigstens kann ich mich eines solchen Falles nicht entsinnen. Selbst Lieblings-Meinungen habe ich, ob auch anfänglich mit schwerem Herzen, entsagt, sobald mir ihre Unhaltbarkeit klar wurde. Nun ist es ja möglich, daß bei mir eine Zerrüttung des Erkenntnißvermögens eingetreten sei, welche mich unfähig macht, historische Thatsachen zu verstehen. Beispiele eines solchen Zustandes, selbst von berühmten Männern, liegen vor. Das Uebel müßte dann bei mir schon sehr alt sein, denn seit etwa 1857, seit meiner Rückkehr von meiner Romreise, habe ich bezüglich der streitigen Punkte stets die gleiche Ueberzeugung gehegt. Sollte es so mit mir stehen, so wäre ja die von mir so sehr gewünschte und erbetene öffentliche Besprechung das beste Heilmittel, wo nicht für mich, doch jedenfalls für jene zahlreichen Personen, welche in der fraglichen Angelegenheit ihr Vertrauen auf mein Wissen und meine Wahrheitsliebe gesetzt haben, und die durch die Enthüllung meines Zustandes sicher enttäuscht und zu der großen Gemeinschaft zurückgeführt werden würden.

Sie, hochwürdigster Herr, scheinen freilich eine noch weit schlimmere Ansicht von meinem Geisteszustande zu hegen. Sie mahnen mich, an mein Seelenheil zu denken, und ich erwidere diese ernste Mahnung mit ehrfurchtsvoller Dankbarkeit. In milder, schonender Form wollen Sie mir damit sagen: Wenn du ohne Widerruf stirbst, so fährst du unfehlbar zur Hölle in ewige Verdammniß. Denn du bist, mindestens seit 1871, in beharrlicher Todsünde; dein Zustand ist nicht unfreiwilliges Irren oder gestörte Denkkraft, sondern Verstocktheit und dämonische Verblendung. — Sollte sich's wirklich mit mir so verhalten, so wäre freilich ein Exorcismus an mir besser angebracht, als ein Bekehrungsversuch in Gestalt eines belehrenden Religionsgesprächs.

Aber ich bitte Sie zu bedenken, daß es sich dabei nicht nur um mich, sondern, und viel mehr noch, um Tausende von Personen handelt, für welche die Aufdeckung meiner Irrthümer und die Klarlegung verdunkelter kirchlicher Lehren solche Folgen haben würden, wie Ew. Excellenz sie sehnlich wünschen.

In Ihrer Hand, Excellenz, liegt das, was zur Erreichung Ihres Zieles geschehen kann. Wählen Sie aus den Geistlichen der Diöcese, die ja an gelehrten Männern so reich ist, einen oder auch einige aus; — ich bin bereit,

jedem Rede zu stehen, und mache nur die eine, im Grunde
selbstverständliche Bedingung, daß zwei Stenographen zur
Aufzeichnung der Rede und Gegenrede zugelassen werden,
und daß diese Protokolle dann durch den Druck veröffent=
licht werden. Werde ich widerlegt, so verspreche ich feier=
lich, mich sofort zu unterwerfen und zu widerrufen. Ich
werde dann den mir etwa noch gegönnten Lebensrest dazu
anwenden, meine Schriften selbst zu widerlegen.

Sie, hochwürdigster Herr, sind, wie ich Ihrem Briefe
entnehme, mit völliger Glaubensgewißheit überzeugt, daß
die neu gemachten, jetzt 17 Jahre alten Glaubensartikel
die sonnenklare Wahrheit enthalten, und daß also die zahl=
reichen dagegen vorgebrachten Einwendungen in ihrer Nich=
tigkeit aufzudecken kein schwieriges Geschäft sei. Der von
Ihnen Erkorene wird wohl ebenso denken und daher in
ruhiger Siegesgewißheit dem schwachen, 88 jährigen Greise
entgegentreten. Denn es handelt sich ja nicht um Glaubens=
mysterien, wie Trinität und Incarnation, über welche man
freilich erfolglos bis zum jüngsten Tage disputiren kann.
Wir stehen hier auf dem festen Boden der Geschichte, der
Zeugnisse, der Thatsachen. Dieß sind Dinge, welche sich
so aufhellen und erläutern lassen, daß jeder gut erzogene
und unterrichtete Mann sich ein eigenes Urtheil über Recht
oder Unrecht der einen oder andern Seite bilden kann, auch
ohne theologische Studien gemacht zu haben.

Wohl weiß ich, daß mein Anerbieten auf den stärksten
Widerspruch Ihres Ordinariats stoßen wird; denn dieses
pflegt ja nach dem Grundsatz zu verfahren, jedem um Ge=
hör Bittenden dasselbe zu verweigern und ihn sofort mit
der Keule des Kirchenbannes niederzuschmettern. Aber ich

bitte Sie, zu bedenken, einmal, daß dieses Verfahren das Gegentheil des echt kirchlichen ist. Sie wissen ja selbst, daß häufig bischöfliche Synoden veranstaltet wurden, um einem der Irrlehre Angeklagten Gelegenheit zur Erläuterung und Vertheidigung zu geben, Beispiele liegen in Menge vor. Mit einem einfachen Laien, Pelagius, verhandelte man sechs Jahre lang auf mehreren Synoden, so offenbar auch seine Irrlehre war, bis endlich seine Ausschließung aus der Kirchengemeinschaft erfolgte. Und wie viele Namen, auch aus viel späteren Zeiten, wären hier noch zu nennen! Es ist Ihnen bekannt, wann und wie dieses billige und gerechte Verfahren geändert wurde. Im zwölften Jahrhundert wurde dasselbe noch bei Abälard und anderen beobachtet; aber im dreizehnten errichteten die Päpste die Glaubensgerichte mit geheimer Procedur, schrieben Tortur, carcer durus, qualvolle Hinrichtung als Bekehrungsmittel vor, befahlen, daß schon auf bloßen Verdacht hin Folterung eintreten solle. Indeß wurde dem Huß und dem Hieronymus zu Constanz noch gestattet, sich ausführlich und eingehend zu vertheidigen; erst dann wurden sie verbrannt. Das Ordinariat hat, das muß ich zugeben, die päpstliche Theorie und Praxis für sich, und wird ohne Zweifel sagen: jetzt, im Reiche des Zwanges und der päpstlichen Unfehlbarkeit, sei sein Verfahren vollkommen correct. Gleichwohl, dünkt mich, wäre es angezeigt gewesen, den Greis, welcher der Kirche fast ein halbes Säculum treu gedient hatte, lieber im Geiste der älteren Kirche als des Inquisitions- und Decretalen Zeitalters zu behandeln und ihn wenigstens anzuhören. Sie, hochwürdigster Herr, sagen mir, meine Unterwerfung werde ein Jubel für Millionen von Gläubigen sein. Wenn wirklich Millionen einigen Antheil an meiner Person und meinem Schicksal nehmen, so würden sie es wohl auch gut aufgenommen haben, daß man etwas weniger terroristisch und eilfertig mit mir verfahren wäre. Ich kenne nur noch eine Diöcese, wo man mich wahrscheinlich ebenso behandelt hätte, wie in München, nämlich Regensburg; aber wie ganz anders würde der Verlauf der Dinge gewesen sein, wenn ich in Wien oder Prag oder Bamberg oder Rottenburg die Krisis zu bestehen gehabt hätte!

Freunde und Geschichtskenner haben mir oft gesagt: ich möge doch bedenken, daß keine kirchliche Einrichtung durch den fürchterlichen damit getriebenen Mißbrauch mehr verachtet sei, als der Bann. Man habe ja früher — z. B. im vierzehnten Jahrhundert — berechnet, daß die Hälfte aller Christen gebannt sei; Tausende seien wegen einer Geldschuld von einigen Schillingen Jahre lang excommunicirt geblieben; dann habe man nicht selten wegen eines einzigen Menschen ganze Nationen in Bann gelegt; die Kirche habe sich die päpstliche Lehre aufdringen lassen, daß man Millionen von Gläubigen der ihnen von Christus gewährten Gaben Jahre lang berauben könne und dürfe, wenn etwa ein Fürst etwas dem päpstlichen Stuhle Mißfälliges gethan habe. Ich selber sagte mir: gebannt zu sein, sei ja ein ganz gewöhnliches, meist von den Betroffenen nicht beachtetes Vorkommniß, so daß die römische Curie eine eigene darauf bezügliche Clausel in ihre, Beförderungen oder andere Begünstigungen enthaltenden Formulare eingerückt habe. Zugleich wußte ich ja, daß nach der Väter Lehre ein ungerechter Bann dem davon Betroffenen zum Segen und nicht zum Fluche gereiche. Doch will ich nicht läugnen, daß dieses so handgreifliche Bestreben, mich dem Volkshaß und den Attentaten der Fanatiker preiszugeben, mich peinlich berührte. War es doch in Folge der im Ordinariat erlassenen Maßnahmen, daß die kgl. Polizeidirection mich förmlich warnen ließ, ich solle auf meiner Hut sein, es sei auf eine an mir zu verübende Gewaltthat abgesehen.

Gottlob, diese Dinge sind nun längst vorüber! Mich überkam damals ein Schamgefühl darüber, daß man der deutschen Nation und den Andersgläubigen ein solches Schauspiel des bis zum Paroxysmus gesteigerten odium theologicum zum besten gab. Ich schwieg von da an, ohngeachtet der stärksten Versuchung zu reden. Aber Ew. Excellenz werden es begreiflich finden, daß jetzt schon der bloße Gedanke, mit den Urhebern dieser Dinge wieder in irgend eine Beziehung treten zu sollen, etwas Abschreckendes und Peinigendes für mich hat. Uebrigens war die Wirkung, welche das Verfahren hervorbrachte, eine der Absicht entgegengesetzte. Man wollte mir Feinde ringsum erwecken, den Volkshaß wider mich aufstacheln; die Ihnen so wohlbekannte klericale Tagespresse erhielt carte blanche wider mich. Doch das alles war vergeblich. In kurzem hatte die Zahl derjenigen, die mir Zeichen des Wohlwollens und der Sympathie, in der Nähe wie aus der Ferne, gaben, sich mehr als verdreifacht und — was noch höheren Werth für mich hatte — kein einziger meiner Freunde hat mich verlassen. Nicht einer von den Männern, auf deren gute Meinung von mir ich Werth legte, hat sich von mir abgewandt. Vielmehr ist die Zahl dieser Gönner und Freunde in stetem Wachsthum begriffen, auch in geistlichen Kreisen, und Ew. Excellenz würden wohl sehr verwundert sein, wenn Ihnen kund würde, wie viele unserer Standesgenossen mir ihre Zustimmung geben oder sie errathen lassen. Wie könnte es auch anders sein? Mit Zwang und Gewaltmitteln sind die neuen Dogmen zu Stande gekommen, mit Zwang und Gewalt müssen sie auch fort und fort erhalten werden.

Noch eines Punktes muß ich zur Ergänzung meines Ihnen hiemit abgelegten Bekenntnisses gedenken. Er bebetrifft den Eid, welchen ich auf kirchlichen Befehl gleich allen Priestern habe schwören müssen, die heilige Schrift nur nach dem Consensus der Väter und dem ihr von der alten Kirche gegebenen Sinne auszulegen — item sacram scripturam juxta eum sensum, quem tenuit ac tenet sancta mater ecclesia ... admitto nec eam unquam nisi juxta unanimem consensum patrum accipiam et interpretabor[1]), sagt der Text. Mir scheint, daß diejenigen, welche sich zu den Vaticanischen Glaubensartikeln bekennen, damit einen förmlichen Eidbruch begehen. Denn es ist notorisch, daß die Auslegung, welche man zu Rom im Jahre 1870 den behufs einer biblischen Beweisführung angeführten Stellen gegeben hat, völlig von der der Väter abweicht und von keinem einzigen der alten, dem patristischen Zeitalter angehörigen Exegeten aufgestellt ist. Ich habe mehrere unserer Standesgenossen befragt, wie sie denn einen solchen Eidbruch mit ihrem Gewissen in Einklang zu bringen vermöchten. Die Antwort war immer eine ausweichende oder ein verlegenes Achselzucken. Es hieß: das sei eine

---

[1]) „Desgleichen erkenne ich die heilige Schrift nach dem Sinne an, welchen die heilige Mutter Kirche festgehalten hat und festhält ... und ich werde sie nie anders als gemäß der einmüthigen Uebereinstimmung der Väter verstehen und auslegen."

Detailfrage, mit welcher der einzelne Priester oder Laie sich nicht zu befassen brauche. Oder: darin eben bestehe das Wesen und Verdienst des Glaubens, daß man blind, prüfungslos den jetzt lebenden Hierarchen sich hingebe und es ihnen überlasse, den Widerspruch, wenn er vorhanden, einmal auszugleichen. Ich brauche Ihnen nicht zu sagen, welchen Eindruck derartige klägliche Ausflüchte auf mich machten, und so liegt denn in dem Wege, den Sie wandeln heißen, gleich am Anfange schon ein Stein, den ich weder wegzuräumen noch zu überspringen vermag. Denn ich müßte ja diese Eidesformel von neuem schwören mit den durch den päpstlichen Stuhl eingerückten Zusätzen des Vaticanischen Concils, und so, sozusagen in Einem Athemzuge, Gott zum Zeugen anrufen, daß ich den einen Lehrsatz und zugleich dessen Gegentheil glauben und lehren wolle. Können Sie mir im Ernste so etwas zumuthen? Soll ich mit der Last eines doppelten Meineides auf dem Gewissen vor dem ewigen Richter erscheinen?

Ich kann mich der Vermuthung nicht erwehren, daß Ew. Excellenz von Collegen dazu ermuntert oder durch einen aus weiter Ferne gekommenen Antrieb bestimmt, Ihr Schreiben an mich gerichtet haben. Sollte dieß der Fall sein, so möchte es Ihnen vielleicht erwünscht sein, daß ein öffentliches Zeugniß der von Ihnen erfüllten Aufgabe vorliege. Ich bin denn auch ganz bereit, diese meine Beantwortung der Oeffentlichkeit zu übergeben, und würde — natürlich nur im Fall einer ausdrücklich von Ihnen ertheilten Erlaubniß — Ihr Schreiben vordrucken lassen. Ich bin dazu um so lieber bereit, als ich schon seit einiger Zeit das Gefühl habe, in dieser so hochwichtigen, die ganze Menschheit näher ober entfernter berührenden Angelegenheit allzu lange geschwiegen und das Publicum über den gegenwärtigen Stand meiner Ueberzeugungen im Unklaren gelassen zu haben.

Ew. Excellenz haben natürlich nicht Zeit, und finden es wohl auch Ihrer hohen Würde nicht angemessen, sich speciell mit meiner Belehrung oder Ueberführung zu befassen. Sollte aber Jemand aus dem zahlreichen hochwürdigen Kreise gelehrter Ihnen zu Gebote stehender Theologen dieses Geschäft übernehmen, so verspreche ich im voraus, seine Beantwortung mit abdrucken zu lassen, versteht sich mit meinen etwaigen Gegenbemerkungen.

Noch gar vieles wäre im Interesse der Kirche — wenn sie nämlich im Ernste eine columna veritatis sein oder werden soll — zu sagen und nachdrücklich zu betonen; einiges davon würde ich dann noch der Schrift anschließen.

In hoher Verehrung verharre ich Ew. Excellenz gehorsamster

J. v. Döllinger.

P. S. Eben bemerke ich, daß es scheinen könnte, als ob der letzte Vorschlag mit dem vorne gemachten nicht in Einklang stehe oder ihn ersetzen solle. Es ist und bleibt mein sehnlicher Wunsch, meine mit aller Deferenz an Ew. Excellenz gerichtete Bitte, daß mir eine mündliche Vertheidigung und Klarmachung meines Standpunktes gestattet werde. Geschieht dieß, so ist mein Schreiben zugleich mein Text, bequem und geeignet, um als Grundlage bei der Erörterung von meinem Gegner und mir gebraucht zu werden.

24.

Erzbischof von Steichele an Döllinger.
19. März 1887.

Verehrter Herr Stiftspropst und Reichsrath! In Ihrem Schreiben an mich vom 1. d. M. sprechen Sie sich unter anderm dahin aus: „Ich kann mich der Vermuthung nicht erwehren, daß Ew. Excellenz von Collegen dazu ermuntert, oder durch einen aus weiter Ferne gekommenen Antrieb bestimmt, Ihr Schreiben an mich gerichtet haben." Dieser Passus Ihres Briefes fordert eine Richtigstellung. Wollen Sie die Versicherung hinnehmen, daß ich zu jenem Schritte weder von Collegen ermuntert, noch durch einen aus weiter Ferne gekommenen Antrieb bestimmt wurde. Der Gedanke, mich nochmals an Sie zu wenden, entsprang aus meinem eigenen Herzen; ich führte ihn aus im Gefühle meiner Pflicht und aus Liebe zu Ihnen. Auf andere Punkte Ihres Schreibens einzugehen, mögen Sie mir erlassen. In derselben Liebe Ihr ergebener

Antonius,
Erzbischof von München und Freising.

25.
Der Nuncius Ruffo Scilla an Döllinger.
1. October 1887.¹)

Munich le 1. Octobre 1887.

Très-illustre Docteur!*) Ceci est un billet tout-à-fait privé et reservé dont personne a été mis à part. Je veux me donner le plaisir de vous l'écrire puisque je pense que peut-être il vous sera agréable d'apprendre mes sentiments à l'égard de votre personne.

Si la très-sainte Vièrge du Rosaire et votre bon ange gardien vous inspirent de donner à l'Eglise une très-grande consolation en la circostance de la grande

---

¹) Genau nach dem Manuscripte gedruckt.

*) Sehr erlauchter Doctor! Dieses ist ein ganz privates und vertrauliches Billet, von dem Niemand Mittheilung erhalten hat. Ich will mir das Vergnügen machen, es Ihnen zu schreiben, weil ich denke, es werde Ihnen vielleicht angenehm sein, meine Gesinnungen gegen Ihre Person zu erfahren.

Wenn die allerseligste Jungfrau vom Rosenkranze und Ihr guter Schutzengel Ihnen eingeben, der Kirche bei Gelegenheit des großen Familienfestes, welches wir bei dem Jubiläum unseres heiligen

fête de famille que nous allons avoir pour le jubilé de notre saint Père, je suis là tout-à-fait à votre disposition.

Comme Sa Saintété a bien voulu me confier sa représentance en Bavière, je desire très-vivement que la plus grande joie Lui parvienne du Royaume de Marie et qu'un' autre grande fête se solennise parmi les innombrables savants et amis qui vous aiment comme celui à qui ils doivent leur science.

Je vous prie, très-illustre M. le Docteur, d'agréer l'assurence de mes meilleurs sentiments.

† L. Archevêque de Petra, Nonce apostolique.

Vaters feiern werden, einen sehr großen Trost zu gewähren, so stehe ich ganz zu Ihrer Verfügung.

Da Seine Heiligkeit mir seine Vertretung in Bayern hat anvertrauen wollen, so wünsche ich sehr lebhaft, daß die größte Freude ihm aus dem Königreich Mariä zu Theil werde und daß ein anderes großes Fest unter den zahllosen Gelehrten und Freunden gefeiert werden möge, welche Sie als denjenigen lieben, dem sie ihr Wissen verdanken.

Ich bitte Sie, sehr erlauchter Herr Doctor, die Versicherung meiner besten Gesinnungen zu genehmigen.

† L. Erzbischof von Petra, apostolischer Nuncius.

26.
Döllinger an den Nuncius Ruffo Scilla.
12. October 1887.

Monseigneur!*) A mon âge ce sont surtout les idées d'une mort prochaine et de ce qui doit suivre cette catastrophe, qui se présentent à l'esprit. Mon principal soin est, comme cela doit être, de mettre ma conscience en repos et sûreté. Frappé d'excommunication par un prélat, qui pour cet acte a été comblé d'éloges par Pie IX., j'ai senti depuis seize ans le besoin impérieux de ne négliger rien de ce qui pourrait contribuer à m'éclaircir sur la conduite à tenir dans une situation si pénible. J'aurais pu

---

*) Hochwürdigster Herr! In meinem Alter sind es vor allem die Gedanken an einen nahen Tod und an das, was auf diese Katastrophe folgen muß, die sich dem Geiste aufdrängen. Meine Hauptsorge ist, wie das nicht anders sein darf, mein Gewissen in Ruhe und Sicherheit zu bringen. Mit der Excommunication belegt von einem Kirchenfürsten, der für diesen Act von Pius IX. mit Lobsprüchen überhäuft worden ist, habe ich seit sechzehn Jahren das unabweisbare Bedürfniß gefühlt, nichts zu vernachlässigen, was dazu beitragen konnte, mich über das in einer so peinlichen Lage zu beobachtende Verhalten aufzuklären. Ich hätte zahlreiche Uebelthaten

commettre des forfaits nombreux qu'on ne m'en aurait pas puni, car la discipline cléricale en Allemagne est extrêmement indulgente; mais le crime qu'on m'imputait, était d'une énormité inouie: je refusais de changer ma foi, je refusais de croire et de professer un nouveau dogme, dont le contraire m'avait été enseigné dans ma jeunesse et dont je connaissais la fausseté par 56 ans d'études et de recherches. Cela suffisait pour infliger à un vieillard de 72 ans, qui jusque-là n'avait encouru ni reproche ni blâme, une peine qui selon la doctrine de l'église est pire que la mort.

Permettez-moi ici, Monseigneur, de citer quelques faits personnels; peut-être qu'ils serviront à mitiger tant soi peu la sévérité de votre jugement.

J'ai été professeur actif de théologie pendant 47 ans, de 1823 jusqu'à 1871. Pendant cette longue

---

begehen können, ohne daß man mich dafür bestraft hätte, denn die geistliche Disciplin ist in Deutschland äußerst nachsichtig; aber das Verbrechen, das man mir Schuld gab, war unerhört enorm: ich weigerte mich, meinen Glauben zu wechseln, ich weigerte mich, ein neues Dogma zu glauben und zu bekennen, dessen Gegentheil mir in meiner Jugend gelehrt worden war, und dessen Falschheit ich durch 56jährige Studien und Forschungen erkannt hatte. Das genügte, um über einen Greis von 72 Jahren, der bis dahin sich keinen Vorwurf und keinen Tadel zugezogen hatte, eine Strafe zu verhängen, die nach der Lehre der Kirche schlimmer ist als der Tod.

Erlauben Sie mir hier, Hochwürdigster Herr, einige persönliche Thatsachen anzuführen; vielleicht werden sie dazu dienen, die Strenge Ihres Urtheils einigermaßen zu mildern.

Ich bin 47 Jahre, von 1823 bis 1871, als Professor der Theologie thätig gewesen. Während dieser langen Zeit habe ich stets

période j'ai toujours enseigné le contraire de ce qui a été décidé par Pie IX. en 1870; tout le monde savait ou pouvait savoir ce que je croyais et professais sur cette question; les différents nonces apostoliques qui se sont succédés ici, ne pouvaient guère l'ignorer; ils me traitaient tous avec bienveillance, et ni eux ni aucun évêque allemand ou français ou anglais ne m'ont jamais dit un mot ou m'ont donné un avertissement quelconque, qui m'aurait fait connaitre qu'ils étaient mécontents de mon enseignement. J'enseignais ce que j'avais appris de mes maitres, ce qui m'avait été confirmé par mes recherches, et ce que j'avais trouvé dans les ouvrages historiques et théologiques que je jugeais les plus solides: c'était que l'infaillibilité du Pape était une opinion inventée bien tard, mais actuellement tolérée dans l'église, mais que de l'imputer à tout le monde

---

das Gegentheil von dem gelehrt, was von Pius IX. im Jahre 1870 entschieden worden ist. Alle Welt wußte oder konnte wissen, was ich über diese Frage glaubte und lehrte. Die verschiedenen apostolischen Nuncien, welche hier aufeinander folgten, konnten darüber nicht wohl in Ungewißheit sein. Sie behandelten mich alle mit Wohlwollen, und weder sie noch irgend ein deutscher oder französischer oder englischer Bischof haben mir jemals ein Wort gesagt oder irgendwelche Andeutung gemacht, woraus ich hätte erkennen können, daß sie mit meiner Lehre unzufrieden seien. Ich lehrte, was ich von meinen Lehrern gelernt hatte, was sich mir durch meine Forschungen bestätigt und was ich in den geschichtlichen und theologischen Werken gefunden hatte, die ich für die gründlichsten hielt: daß die Unfehlbarkeit des Papstes eine sehr spät aufgekommene, aber jetzt in der Kirche geduldete Meinung sei; daß aber, sie der ganzen katholischen Welt zuzu-

catholique, c'était, comme s'exprimait un catéchisme anglais très-répandu, une calomnie protestante. Je sais par quantité de témoins irréprochables, par des aveux échappés, que le concile du Vatican n'était pas libre, qu'on y a employé les menaces, les intimidations, les séductions. Je le sais par des évêques dont je garde les lettres, ou qui me l'ont avoué de vive voix. Le même archevêque de Munich, qui ensuite m'a excommunié, est venu chez moi le lendemain de son retour de Rome et m'a raconté des détails qui ne m'ont laissé aucun doute. Il est vrai que tous ces prélats ont fait leur soumission; tous s'accordaient à dire pour excuse: „Nous ne voulons pas faire un schisme." Moi aussi, je ne veux pas être membre d'une société schismatique; je suis isolé. Persuadé que la sentence lancée contre moi est injuste et nulle de droit, je persiste à me

schreiben, wie sich ein sehr verbreiteter englischer Katechismus aus= drückte, eine protestantische Verleumbung sei.

Ich weiß von vielen unverwerflichen Zeugen, durch Geständ= nisse, die ihnen entschlüpft sind, daß das Vaticanische Concil nicht frei war, daß man dort Drohungen, Einschüchterungen, Verführungen angewendet hat. Ich weiß es von Bischöfen, deren Briefe ich auf= bewahre oder die es mir mündlich eingestanden haben. Der nämliche Erzbischof von München, der mich später excommunicirt hat, ist am Tage nach seiner Rückkehr von Rom zu mir gekommen und hat mir Einzelheiten erzählt, die mir gar keinen Zweifel gelassen haben. Es ist wahr, daß alle diese Kirchenfürsten sich unterworfen haben; sie alle sagten zu ihrer Entschuldigung: „Wir wollen kein Schisma machen." Auch ich will nicht ein Mitglied einer schismatischen Ge= nossenschaft sein; ich bin isolirt. Ueberzeugt, daß der gegen mich erlassene Urtheilsspruch ungerecht und rechtlich nichtig ist, sehe ich

regarder comme membre de la grande église catholique, et c'est l'église elle-même qui, par la bouche des saints pères, me dit, qu'une telle excommunication ne peut pas nuire à mon âme.

Seize ans se sont passés depuis l'anathème dont on m'a frappé. J'ai employé ce temps à me livrer à des études et recherches réitérées, à puiser dans les sources, à suivre la tradition d'un siècle à l'autre. Un examen approfondi des témoignages prétendus, qui ont été amassés dans les ouvrages écrits en faveur du concile, m'a fait voir qu'il y a là un amas d'altérations, de fictions, de falsifications dont la plupart avaient été déjà reconnues comme telles au 17. siècle.

Maintenant, Monseigneur, que me demandez-vous? Devrais-je dire au monde: catholiques et

mich fortwährend als ein Mitglied der großen katholischen Kirche an, und die Kirche selbst sagt mir durch den Mund der heiligen Väter, daß eine solche Excommunication meiner Seele nicht schaden kann.

Sechzehn Jahre sind verflossen seit dem Banne, den man über mich verhängt hat. Ich habe diese Zeit dazu verwendet, mich erneuten Studien und Forschungen zu widmen, aus den Quellen zu schöpfen, der Ueberlieferung von einem Jahrhundert zum andern nachzugehen. Eine gründliche Prüfung der angeblichen Zeugnisse, die in den zu Gunsten des Concils geschriebenen Werken zusammengestellt sind, hat mir gezeigt, daß es sich dabei um eine Masse von Aenderungen, Erdichtungen und Fälschungen handelt, von denen die meisten schon im 17. Jahrhundert als solche erkannt waren.

Und nun, Hochwürdigster Herr, was verlangen Sie von mir? Soll ich der Welt sagen: Katholiken und Protestanten, erblicket nun-

protestants, voyez désormais en moi un homme d'une
ignorance grossière qui pendant un demi-siècle s'est
trompé lui-même et a trompé les autres, qui n'a
reconnu la vérité qu'au bout de sa longue carrière?
Les hommes qui sont capables de juger de telles
questions, m'en croiraient-ils? Je sais bien ce qu'on
dirait; les uns diraient: c'est un vieillard retombé en
enfance (rimbambito); les autres diraient: c'est un
menteur et un vil hypocrite; il doit l'avoir été pendant toute sa vie, ou il l'est à présent. Et puis mon
premier devoir serait alors de refuter moi-même, mes
ouvrages, ouvrages traduits en plusieurs langues,
et de montrer qu'ils ne sont qu'un tissu de faussetés.
Ce serait vraiment un fait unique, et vous ne sauriez
citer dans toute l'histoire de l'église un tour d'esprit
égal à celui-là.

Et ici, Monseigneur, je me permets de vous

---

mehr in mir einen Mann von grober Unwissenheit, der während
eines halben Jahrhunderts sich selbst und andere getäuscht, der die
Wahrheit erst am Ende seiner langen Laufbahn erkannt hat? Wür=
den biejenigen, die im Stande sind über solche Fragen zu urtheilen,
mir das glauben? Ich weiß wohl, was man sagen würde. Die
einen würden sagen: er ist ein wieder kindisch gewordener alter Mann;
die anderen würden sagen: er ist ein Lügner und ein gemeiner Heuchler;
er muß dieses während seines ganzen Lebens gewesen sein, oder er
ist es jetzt. Und dann würde es meine erste Pflicht sein, mich selbst
zu widerlegen, meine Werke, Werke, die in mehrere Sprachen über=
setzt worden sind, und zu zeigen, daß sie nur ein Gewebe von Irr=
thümern sind. Das wäre in der That eine einzig bastehende That=
sache, und Sie würden aus der ganzen Kirchengeschichte keine Wen=
dung gleich dieser anführen können.

Und hier, Hochwürdigster Herr, erlaube ich mir Ihnen eine

citer un fait caractéristique. Lorsque l'archevêque, obéissant, à ce qu'il disait, aux ordres du Pape, me communiqua la sentence portée contre moi, il me fit annoncer, que j'étais assujetti à toutes les peines accumulées par le droit canonique contre les excommuniés. La première et la plus importante de ces peines est contenue dans la célèbre bulle du Pape Urbain II., qui décide qu'il est permis à tout le monde de tuer un excommunié, quand on le fait par un motif de zèle pour l'église. En même temps il fit prêcher contre moi dans toutes les chaires de Munich, et l'effet que ces déclamations produisaient, fut tel que le chef de la police me fit avertir que des attentats se tramaient contre ma personne, et que je ferais bien de ne pas sortir sans accompagnement. Oserais-je soulever la question, Monseigneur, si, en cas de ma soumission, je serais obligé de dé-

---

charakteristische Thatsache anzuführen. Als der Erzbischof, nach seiner eigenen Aeußerung einem Befehle des Papstes gehorchend, mir den gegen mich erlassenen Urtheilsspruch mittheilte, ließ er mir ankündigen, ich sei allen Strafen verfallen, die das kanonische Recht über die Excommunicirten verhänge. Die erste und wichtigste dieser Strafen ist enthalten in der berühmten Bulle Urban's II., welche entscheidet, daß es Jedermann erlaubt sei, einen Excommunicirten zu tödten, wenn man dieses aus Eifer für die Kirche thue. Gleichzeitig ließ er auf allen Münchener Kanzeln gegen mich predigen, und die Wirkung, welche diese Declamationen hervorbrachten, war eine solche, daß der Polizeipräsident mich benachrichtigen ließ, es seien Attentate gegen meine Person im Werke und ich würde wohl thun, nicht ohne Begleitung auszugehen. Darf ich wagen, Hochwürdigster Herr, die Frage aufzuwerfen, ob ich, falls ich mich unterwerfen wollte, ver=

clarer au monde, que je trouve cette décision du Pape infaillible parfaitement conforme à la morale évangélique?

Je ne vous ai fait entrevoir qu'une partie des raisons qui me forcent à renoncer à l'idée d'une révocation ou soumission; j'en ai encore beaucoup d'autres. Mais ce que j'ai écrit ici, suffira, me semble-t-il, pour vous faire comprendre, qu'avec de telles convictions on peut être dans un état de paix intérieure et de tranquillité d'esprit, même au seuil de l'éternité.

Agréez, Monseigneur, l'expression du profond respect, avec lequel je signe

J. Döllinger.

---

pflichtet sein würde, der Welt zu erklären, daß ich diese Entscheidung des unfehlbaren Papstes vollkommen im Einklang finde mit der Moral des Evangeliums?

Ich habe Ihnen nur einen Theil der Gründe angedeutet, die mich nöthigen, dem Gedanken an einen Widerruf oder eine Unterwerfung zu entsagen. Ich habe noch viele andere; aber was ich hier geschrieben habe, wird meines Erachtens genügen, um Ihnen begreiflich zu machen, daß man bei solchen Ueberzeugungen im Zustande eines inneren Friedens und einer geistigen Ruhe selbst an der Schwelle der Ewigkeit sein kann.

Genehmigen Sie, Hochwürdigster Herr, den Ausdruck der tiefen Hochachtung, mit welcher ich zeichne

J. Döllinger.

27.
Der Nuncius Ruffo Scilla an Döllinger.
14. October 1887.¹)

Très-illustre Professeur!*) Je vous en prie, ne m'accusez pas de séverité! Que Dieu me garde de traiter ainsi mon prochain!

Je suis isolé, vous dites. — Voilà le mot désolant, la triste position de laquelle nous desirons touts de vous voir sorti. — Mais ce n'est certellement pas moi qui pourrà vous décider à la courageuse resolution; c'est au contraire Notre Seigneur, qui est le Roi de coeurs. — Vous ajoutez que la serait un frait vraiment unique dans l'histoire, vues les circostances du passé. — Tant mieux, cher Professeur: vous

---

¹) Genau nach dem Manuscripte gedruckt.

*) Sehr erlauchter Professor! Ich bitte Sie, mich nicht der Strenge anzuklagen, Gott wolle mich davor bewahren, meinen Nächsten so zu behandeln.

„Ich bin isolirt," sagen Sie; das ist das trostlose Wort, die traurige Lage, aus welcher wir alle wünschen Sie heraustreten zu sehen. Aber sicherlich kann nicht ich Sie zu dem muthigen Entschlusse bestimmen; das kann nur unser Herr, welcher der König der Herzen ist. — Sie fügen bei, es würde das eine wahrhaft einzig in der Geschichte bastehende Thatsache sein, im Hinblick auf die Umstände

êtes donc à même de procurer à l'Église une joie unique et à votre âme un mérite énorme. Quant' aux quelques imbecilles (permettez-moi ce mot), qui oseraient vous juger comme vous le craignez, ils seraient mis bien vite à leur place, soyez en sur. Eux seulement pourraient affirmer que vous avez pendant des années trompé le monde. Puisque, avant 1870, vous aviez avec vous touts les antifaillibilites qui dans l'onceinte et dehors du Concil userent de leur droit d'opposition avec liberté et même avec violence. Tandisque votre si penible isolement après juillet 1870 vous prouve que tout le monde catholique est convencu que vous êtes dans l'erreur. Faites-vous donc moins cas du monde catholique que des imbecilles?

Que rien donc vous trouble, très-illustre Professeur, si vous voulez sortir de votre isolement.

---

der Vergangenheit. Um so besser, lieber Professor: Sie sind also im Staube, der Kirche eine einzig bastehende Freude und Ihrer Seele ein enormes Verdienst zu verschaffen. Was die wenigen Schwach= köpfe betrifft (erlauben Sie mir dieses Wort), die es wagen würden, Sie so zu beurteilen, wie Sie fürchten, so würde man sie sehr bald auf ihren Platz verweisen, seien Sie davon überzeugt. Nur diese könnten behaupten, Sie hätten Jahre lang die Welt getäuscht. Denn vor 1870 hatten Sie auf Ihrer Seite alle Antiinfallibilisten, welche innerhalb und außerhalb des Concils von ihrem Rechte der Oppo= sition mit Freiheit, ja mit Heftigkeit Gebrauch machten, während Ihre so peinliche Isolirung seit dem Juli 1870 Ihnen beweist, daß die ganze katholische Welt überzeugt ist, Sie seien im Irrthum. Schätzen Sie denn die katholische Welt geringer als Schwachköpfe?

Besorgen Sie also nichts, sehr erlauchter Professor, wenn Sie

Confiez-vous d'abord très-ouvertement à N. S. Père le Pape. Vous savez bien que d'autres celebrités ont eu à s'applaudir de leur confiance en ce grand Pontife. Vous serez fier de votre soummission et la grande famille catholique en celebrant le Jubilé du Père verra a ses coté le Fils bien aimé.

En attendant je suis toujours disposé à vous rendre service et vous être util en vous priant de croir à mon affection toute particulière.

† L. Archevêque de Petra, Nonce apostolique.

Ce 14. Octobre 1887.

---

aus Ihrer Isolirung heraustreten wollen. Vertrauen Sie sich zunächst ganz offen unserm heiligen Vater, dem Papste an. Sie wissen, daß andere Celebritäten sich zu beglückwünschen gehabt haben für ihr Vertrauen auf diesen großen Hohenpriester. Sie werden stolz sein auf Ihre Unterwerfung, und die große katholische Familie wird bei der Feier des Jubiläums des Vaters den vielgeliebten Sohn zu seiner Seite sehen.

Mittlerweile bin ich stets bereit, Ihnen einen Dienst zu leisten und Ihnen nützlich zu sein, indem ich Sie bitte, an meine ganz besondere Zuneigung zu glauben.

† L. Erzbischof von Petra, apostolischer Nuncius.

Anhang.

Döllinger an einen hochgestellten Geistlichen.
7. Februar 1868.*)

Hochwürdiger Herr! Ihre Zeilen verpflichten mich zum wärmsten Danke, denn sie verrathen mir noch immer — trotz alledem und alledem — so freundschaftliche Gesinnung, daß es Sünde wäre, in deren Reinheit und Aufrichtigkeit den geringsten Zweifel zu setzen.

Wie gerne würde ich daher Ihre Bitte erfüllen, Ihrem Rathe folgen, wenn ich es nur ohne Verletzung meiner Ueberzeugung thun könnte!

Ich soll, verlangen Sie, gegen den Mißbrauch, den der Herr Scholl mit meinem Namen getrieben, eine öffentliche Erklärung abgeben. Er hat mich zusammen mit Galilei, Fenelon, Hirscher u. s. w. u. s. w., kurz mit denen genannt, die von der römischen Curie mißhandelt oder censurirt worden sind. Mir ist nun weder das eine noch das andere widerfahren; man hat meine Schriften bisher noch nicht auf den Index gesetzt; ich gehöre also nicht in diese Gesellschaft. Das könnte ich allenfalls mit zwei Worten

---

*) Der Brief des geistlichen Herrn, welchen Döllinger hier beantwortet, hat sich in seinem Nachlaß leider nicht vorgefunden.

drucken lassen. Eine solche Erklärung würde aber wahrscheinlich Sie selber nicht befriedigen, noch viel weniger andere. Diese, z. B. die Schreiber und Leser des „Volksboten", der „Donauzeitung" und der anderen „wohlgesinnten" Blätter, würden sagen: Wenn Döllinger noch nicht verdammt ist, so ist das nur ein Uebersehen Roms, verdient hat er es längst. Sie kennen ja unsere „Ultramontanen vom reinsten Wasser", wie sie sich jetzt selber im „Pastoralblatt" nennen, und was diese von meinen Schriften und deren Verfasser halten. Ueberhaupt aber würde man sagen: Warum das Publicum mit einer Erklärung behelligen über etwas, das Jedermann ohnehin weiß? nämlich Jedermann, der sich eben um diese Dinge interessirt. Und dazu kommt noch, daß ich seit vielen Jahren schon einen stets wachsenden Widerwillen gegen jede meine Person betreffende Kundgebung in Tagesblättern empfinde. Ich habe es nur selten gethan, aber jedesmal nachher bereut, es gethan zu haben. Ich weiß ganz gewiß, daß, wenn ich jetzt Ihrem Wunsche entspräche, die Reue schon nach wenigen Tagen sich bei mir einstellen würde.

Ich soll, verlangen Sie, aus dem Schmollwinkel, in den ich mich gesetzt, heraustreten. Sie bezeichnen mich damit als einen Mann, der in dumpfem, unthätigem Brüten über wirklich oder vermeintlich erlittene Kränkungen dahin lebt. Das ist durchaus nicht mein Seelenzustand. Ich thue, was ich stets gethan: ich verfolge ruhig und aufmerksam den Gang der Dinge, ich trachte täglich mein Wissen zu ergänzen, zu berichtigen. Daß vieles von dem, was jetzt im Namen der katholischen Religion geschieht, mich mit Schmerz, zuweilen mit Indignation erfüllt, daß es mir häufig scheint, als ob die Kirche von ihren vermeintlichen Freunden und Protectoren schlimmer mißhandelt werde, als von ihren erklärten Gegnern, das ist wahr. Aber wollen Sie das „Schmollen" nennen? Dann sind freilich der heilige Bernhard, Fenelon — und wie viele noch! — zu ihrer Zeit auch im Schmollwinkel gesessen.

Ich soll ferner, Ihrer Ansicht und Ihrem Verlangen nach, öffentlich meine Unterwürfigkeit unter den päpstlichen Stuhl versichern. Nun, ich denke, Sie kennen das Sprichwort und haben dessen Wahrheit schon oft erprobt: Qui s'excuse, s'accuse. Habemus confitentem reum, ex ore tuo te judico, serve nequam, würde die ganze Gesellschaft rufen, deren Exponenten und Lehrmeister der „Volksbote" und die „Donauzeitung" sind, die „Ultramontanen vom reinsten Wasser", wie sie sich nun in gerechtem Selbstgefühl selber nennen. Glauben Sie denn, daß diese Leute mir jemals verzeihen werden, daß ich so dreist gewesen bin, hie und da meine eigene, mit der gerade jetzt geltenden römischen Tagesmeinung nicht ganz identische Ueberzeugung gehabt und ausgesprochen zu haben? Nie! Ich kenne meine Pappenheimer. Für mich heißt es in diesen Kreisen unwiderruflich: Hic niger est, hunc tu, Romane, caveto! Sie selber, glaube ich, würden erstaunen, wenn Sie erführen, von wem ich schon und um welcher Ursachen willen ich in Rom denuncirt worden bin. Da könnte ich Ihnen Geschichten erzählen! Von dem Schicksale der katholischen Gelehrten-Versammlung, die nun freilich ein Unicum bleiben muß, wissen Sie doch wohl selbst etwas. Was wir damals unternahmen, geschah unter vollständigster Billigung und selbst Theilnahme dreier Bischöfe, darunter unseres Herrn Erzbischofs. Wir meinten wahrlich alle, im besten Interesse der Kirche gehandelt zu haben, und wie ist uns dann, besonders mir, von Rom dafür vergolten worden! Was habe ich hören müssen über meine Frechheit und Anmaßung, deutsche Gelehrte zu einer Besprechung einzuladen! Und das alles ergoß sich über mich NB. in Folge deutscher Denunciationen und Aufhetzungen!

Was wohl meine alten Freunde und Mitstreiter, Möhler, Görres, gesagt haben würden, wenn sie solche Dinge mit erlebt hätten? Nun, ich weiß, was sie gesagt haben würden; ich weiß, daß sie beide, der eine schärfer, der andere milder, zu denen, die sich heute die echten Ultramontanen nennen, gesagt haben würden: Fort mich euch! Quid nobis et vobis? Ihr seid ein Geschlecht, mit dem wir nichts zu schaffen haben.

Wenn man sich, wie ich, über fünfzig Jahre mit dem Studium der Geschichte beschäftigt und sich so in die Vergangenheit hineingelebt hat, dann muß man am Ende doch ein wenig von geschichtlicher Nemesis, von dem Zusammenhange zwischen Ursache und Wirkung gelernt haben. Ich habe die Geschichte Spaniens studirt, wie wohl wenige meiner Zeitgenossen, und daher haben mich auch die dortigen Ereignisse jüngster Zeit durchaus nicht überrascht. Ich könnte leicht ein lehrreiches und vieles aufklärendes Buch darüber schreiben, werde es aber nicht thun. Nun, Rom hat sich in der letzten Zeit viel und angelegentlich mit Spanien beschäftigt, und wie? Erstens hat der Papst . . (der Königin Isabel) . . zum Zeichen seiner ganz besondern Gunst und Anerkennung ihrer Verdienste die goldene Rose übersendet. Zweitens hat er jüngst in öffentlichem Confistorium eine Lobrede auf die Inquisition gehalten und sie für ein vortreffliches, wohlthätiges, echt kirchliches Institut erklärt. Sie werden das im Pastoralblatt gelesen haben. Drittens hat er einen Inquisitor heilig gesprochen und allen Spaniern befohlen, diesen Mann künftig als ein nachahmungswürdiges Muster christlicher Tugenden zu verehren. Spanien hat soeben seine Antwort auf diese dreifache Allocution gegeben und wird sie noch ferner geben. Ja, es gibt eine Nemesis!

Was meinen Sie, geehrtester Herr und Gönner? Wenn ich nun doch einmal meine, versteht sich ganz unbedingte und schrankenlose Ergebenheit und Unterwerfung unter den römischen Stuhl öffentlich versichern soll, müßte ich nicht auch, um ja keinem Zweifel mehr Raum zu lassen, meine alleruntertänigste Abhäsion zu der Lobrede auf die Inquisition und die Canonisation des Don Pedro de Arbues aussprechen? Sollte ich nicht sagen: ich war zwar bisher, mit allen Kennern der spanischen Geschichte, der Ansicht, daß die Inquisition unsäglich viel Unheil über Spanien gebracht habe, aber seit jener Allocution habe ich meine Ansicht sofort aufgegeben und werde von nun an gegen jedermänniglich behaupten: Roma locuta est, die Inquisition ist vortrefflich und Spanien könnte nichts besseres thun, als sie wieder einführen? Sie wissen: wer einmal A sagt, muß auch B sagen. Ich wäre begierig, Ihr Votum, Ihren Rath zu vernehmen.

Noch ein Wort zum Schlusse über Dr. Pichler. Es genügt, Ihnen zu bemerken, daß ich ihn in drei Monaten ein einziges Mal gesehen habe, und da nur auf fünf Minuten, wo er mir den Besuch eines fremden hohen Herrn ankündigte, der durch ihn bei mir angemeldet sein wollte. Das ist die Summa meiner Berührungen mit diesem Manne.

Sie werden aus diesem etwas lang gewordenen Briefe wenigstens das entnehmen, daß ich auf die Erhaltung Ihrer freundschaftlichen und wohlwollenden Gesinnung gegen mich einen hohen Werth lege. Ich habe Sie tiefere Blicke in mein Inneres, meine Ansichten und Motive thun lassen, als ich es bei anderen zu gestatten pflege. Widerlegen Sie mich, wo Sie mich im Irrthum erblicken. Sie wissen, daß ich mich gegen Tadel und Correction meiner Meinungen nicht verschließe.

Zuletzt muß ich Sie noch bitten, mir dieses Schreiben, nachdem Sie es gelesen, gelegentlich wieder zurückzustellen. Ich habe keine Abschrift davon, und ich könnte doch leicht in den Fall kommen, mich auch gegen andere über meine jetzige Stellung u. s. w. expliciren zu müssen.

Totus tuus
J. Döllinger.

NS. Zum Zeichen meiner aufrichtigen und herzlich freundschaftlichen Zuneigung sende ich Ihnen anbei die zweite Auflage eines Ihnen schon bekannten Buches.[1]) Es ist hie und da einiges zugesetzt worden.

---

[1]) Ohne Zweifel „Christenthum und Kirche".

www.ingramcontent.com/pod-product-compliance
Lightning Source LLC
Chambersburg PA
CBHW020305170426
43202CB00008B/506